JARDINERIA *casi* sin agua

XEROJARDINERÍA

XEROJARDINERÍA

susaeta

Dirección Editorial
M.ª Jesús Díaz

Textos principales realizados por
Andrea Costa, conforme a las instrucciones
de Susaeta Ediciones S. A.

Proceso
Antonia M.ª Martínez

Corrección de textos a cargo de
Sara Torrico + Equipo Susaeta

Estructura e integración de textos
Miguel Ángel San Andrés

© Susaeta Ediciones S.A. (fotografías, ilustraciones y diseño)
por compra a **Producción Gráfica Grupo 7 Editorial** de los
derechos exclusivos, para todos los canales de distribución.

Fotografías: Eduardo Agudelo

Ilustraciones: Jorge Montoya

Diseño: Carlos González-Amezúa

© SUSAETA EDICIONES, S. A. - Obra colectiva
Campezo, s/n - 28022 Madrid
Tel.: 913 009 100 - Fax: 913 009 118
www.susaeta.com

SUMARIO

ENTORNOS SINGULARES

EL ENTORNO QUE RODEA LOS JARDINES XEROFÍTICOS, DONDE PRIMA LA CORRECTA DOSIFICACIÓN DEL AGUA, APARECE COMO UN LUGAR IDEAL PARA RECREAR DISTINTOS AMBIENTES, INCLUSO ALGUNOS EXÓTICOS, MEDIANTE UNA ESTUDIADA UTILIZACIÓN DE LAS PLANTAS. EN SU AYUDA INTERVIENEN ROCAS, BOLOS, GRAVAS Y DISTINTAS ARENAS QUE, CON SUS VARIADAS TEXTURAS Y COLORIDOS, LOGRAN EFECTOS IMPACTANTES.

UNA VISIÓN ENRIQUECEDORA

Una de las primeras premisas que ha de contemplar cualquiera que esté planificando un jardín en el que predomine la xerojardinería es que se trata de un concepto algo diferente al de un jardín convencional. En estos espacios se pretende, y se logra sin apenas esfuerzo, mantener una o varias zonas ajardinadas en las que las plantas se desarrollen sin problemas bajo un criterio en el que impera el uso racional del agua, sin carencias que puedan afectar a su ciclo vital o mermas que vayan en detrimento del valor ornamental final. Todo esto entronca directamente con las últimas tendencias paisajísticas, donde en el aprovechamiento de la superficie de cultivo intervienen también otros elementos funcionales y decorativos, como pueden ser rocas y piedras, bolos, diferentes tipos de gravas, gravillas y arenas, idóneos para el crecimiento de multitud de especies. La utilización de todos estos componentes posibilita la recreación de distintos ambientes, tanto en lo que respecta al hábitat natural de ejemplares emblemáticos como en lo que atañe a la decoración del suelo, pues las combinaciones que pueden realizarse llegan a ser infinitas. Todo ello partiendo de la base de que ha de primar el que las especies encuentren cubiertos sus requerimientos y, además, obtengan el marco adecuado que las haga resaltar. Esto no significa que vaya a desaparecer el verdor ni tampoco el colorido de las flores, pues una adecuada selección de las especies junto con un planificado sistema de riego que impida el desperdicio de una sola gota posibilitan paisajes repletos de belleza.

◀ CONTRASTES TONALES. *La diferencia de tonalidad entre la tierra normal y la de albero permite recrear composiciones coloristas.*

▶ PRESENCIA DE COLOR. *Las gaillardias animan con sus alegres flores en forma de margarita muy distintos lugares del jardín y no son demasiado exigentes en cuanto a riego.*

XEROJARDINERÍA

ESTE SISTEMA DE CULTIVO SURGE A CONSECUENCIA DE LAS SEQUÍAS QUE SE VIENEN PRODUCIENDO EN MUY DISTINTOS LUGARES DEL MUNDO Y QUE OBLIGAN A UN CONSUMO RAZONABLE DE LOS RECURSOS HÍDRICOS A NUESTRO ALCANCE PARA EVITAR SU AGOTAMIENTO. SE TRATA DE UNA RESPUESTA COHERENTE PARA PERMITIR QUE SIGAMOS DISFRUTANDO DE BELLAS SUPERFICIES AJARDINADAS.

ORÍGENES

Hay que remontarse a los años 80 del siglo pasado para fijar la época de los orígenes de la xerojardinería y, además, trasladarse a los Estados Unidos. Allí se la denominó *xeriscape* (por la palabra *xeros* que procede del griego y se traduce como 'seco', y por *landscape,* que en inglés significa 'paisaje'), y surgió por un aumento masivo de la población que, por sus características de una construcción horizontal, hizo elevar la demanda de zonas ajardinadas, al tiempo que se afrontaba una fuerte sequía en diversos estados, principalmente del sur. En cualquier caso, no es hasta entrados los 90 cuando empieza a contemplarse esta alternativa en España y el motivo, de nuevo, hay que buscarlo en las restricciones de agua que vienen padeciendo ciertas regiones. Si a ello le unimos un elevado aumento de población en muchas zonas, también con una construcción horizontal que demanda más espacios ajardinados, no es difícil comprender la importancia que está alcanzando día a día la xerojardinería, cada vez con más superficies dedicadas a estos cultivos. Esto resulta evidente en parques y obras civiles, donde ha encontrado un lugar destacado, entre otras cosas por su reducción de las tareas de

🔺 ESPLÉNDIDAS MIMOSAS. *El saturado amarillo contrasta a la perfección con el verde de sus llamativas hojas, aportando al ambiente un embriagador aroma.*

mantenimiento, motivo nada desdeñable, pero el reto principal es que todos y cada uno de nosotros nos concienciemos para conseguir un uso racional de los recursos a nuestro alcance.

PRINCIPIOS BÁSICOS

Resulta imprescindible realizar un diseño global del jardín que incluya su orientación, las características del terreno y la diferenciación de los distintos cultivos. En esta fase hay que tener en cuenta el uso que se va a hacer del espacio ajardinado, contando con las zonas de paso y, si es preciso, de juegos para los niños.

No conviene precipitarse en el estudio de todas estas variantes y, a ser posible, se recomienda hacerlo a escala con objeto de que luego no haya ningún problema con respecto a una falta de espacio para algunos ejemplares. Cuantas más alternativas se contemplen, existen menos posibilidades de cometer errores. Un análisis del pH del suelo va a proporcionar una valiosa información sobre la idoneidad de determinadas especies, de modo que en ocasiones se puede proceder a su rectificación. La selección de las especies es un factor determinante, puesto que de sus necesidades de orientación, riego y mantenimiento va a depender directamente el ahorro que se haga en el consumo de agua. Una primera indicación es que han de situarse en

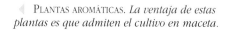

🔻 PLANTAS AROMÁTICAS. *La ventaja de estas plantas es que admiten el cultivo en maceta.*

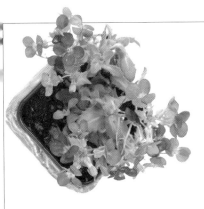

▲ PLANTAS DE ROCALLA. *La floración de* Arabis *sp. representa uno de sus mayores atractivos, en un delicado tono rosa.*

▲ INCONFUNDIBLES PENACHOS. *El color blanco amarillento de los penachos de la hierba de la pampa resulta muy ornamental.*

un mismo espacio plantas afines, con objeto de que tengan unos requerimientos similares y no acusen excesos o defectos durante su crecimiento; así se pueden establecer zonas distintas que se ajusten a esta norma. En este punto es cuando empieza a planificarse también la ubicación de los ejemplares con criterios paisajísticos, jugando tanto con los portes y coloridos de las propias plantas como con sus floraciones y las épocas en que se producen. Algo que no hay que olvidar es el desarrollo que pueden alcanzar, ya que nunca debe interferirse. Decididos estos aspectos, hay que planificar de forma rigurosa el sistema de riego a fin de no desperdiciar ni una sola gota de agua. El más habitual es el riego por goteo, en el que cada planta recibe directamente la dosis necesaria y que, además, puede graduarse según las distintas especies. Otro aspecto de suma importancia es el empleo de recubrimientos sobre la superficie de cultivo que, entre otras cosas, contribuyen a reducir la evaporación del agua y protegen el terreno de la erosión. Tanto orgánicos como inorgánicos, constituyen aliados excelentes en la decoración de estas zonas ajardinadas. Dentro del apartado de mantenimiento figuran las tareas habituales de cualquier jardín convencional pero, eso sí, en este caso aparecen algo más reducidas.

◄ ESTUDIADA PLANIFICACIÓN. *La acertada combinación de zonas de césped con piedras y grava volcánica logra composiciones llenas de naturalidad.*

LA IMPORTANCIA DEL AGUA

Elemento indispensable para un equilibrio sostenido del planeta, el agua constituye uno de los bienes más preciados en la actualidad. De su correcta utilización depende no sólo el presente sino también el futuro de las siguientes generaciones, y en nuestra mano está el no desperdiciarla. A tal fin, las medidas de ahorro en su consumo se convierten en imprescindibles.

CRITERIOS DE CONSUMO

A la vista de las frecuentes sequías que se están produciendo en distintos puntos del mundo, entre los que desafortunadamente se encuentran ciertas regiones de nuestro país, cada vez se hace más evidente la necesidad de un consumo racional. Bien es cierto que la mayoría de los recursos se emplean en la agricultura y la industria, pero eso no significa que podamos inhibirnos de dicho problema, pues existen muchas cosas que, de modo individual, están a nuestro alcance para evitar el despilfarro. El hogar es uno de los sitios donde comienza el ahorro de agua y, centrándonos más en el tema que nos atañe, uno de los espacios que representa un consumo elevado, sobre todo cuando el calor hace acto de presencia, es el jardín. La xerojardinería incide en esta realidad, facilitando las herramientas para que se pueda disponer de zonas ajardinadas sin incurrir en gastos superfluos de agua. Esto no significa en absoluto que haya que limitarse a tener un jardín cuyos únicos moradores sean cactus y plantas autóctonas, que vivan entre piedras y bolos, porque la naturaleza es tan generosa que existen multitud de especies entre las que elegir. Cuando se cuenta con un factor limitador, como el agua en este caso, hay que tomar todas las medidas para, al menos, reducir sus efectos. Se ha de realizar un estudio de la composición del suelo, una correcta selección de las especies, agrupándolas según sus necesidades hídricas y grado de resistencia, y la selección de un eficaz sistema de riego que atienda a todas las necesidades y en su justo punto, sin caer en un exceso que, lejos de beneficiar, en general tiende a perjudicar en la mayoría de los casos. Hay que aceptar el hecho de que es probable que determinadas especies no resulten viables sometidas a ciertas condiciones. Teniendo en cuenta que el mayor consumo de agua en un jardín está representado por las praderas de césped, sin tener que eliminarlas por completo,

▲ CRISANTEMOS. *La exuberante floración de esta especie y sus diversos colores la hacen imprescindible.*

▲ PLANTAS CRASAS. *Una de las características de estas plantas es que, al acumular agua en sus tejidos, no necesitan demasiado riego.*

▶ CORTINA FLORAL. *La floración primaveral de la glicinia permite disfrutar de un espléndido manto floral colgante.*

GERANIOS. *Entre las especies que no demandan mucho riego se encuentran los geranios, de duradera floración y diversos tonos.*

APROVECHAMIENTO DE DESNIVELES. *Para sacar el máximo partido al jardín se pueden efectuar múltiples composiciones respetando la forma de talud del terreno.*

conviene dedicar menos espacio a su cultivo y elegir aquellas variedades que ofrezcan una mayor resistencia a la sequía. Así, por ejemplo, en zonas cálidas próximas al mar la humedad que se genera durante la noche crea las condiciones ambientales idóneas para el desarrollo de *Pennisetum clandestinum* (kikuyu) o *Cynodon dactylon* (grama), dos variedades de gran resistencia y bajo mantenimiento

en los meses más calurosos. En este aspecto la investigación no se detiene, y están apareciendo de manera continua nuevas calidades de césped. Proporcionalmente, el resto de las especies, salvo casos excepcionales, necesitan más aporte para su desarrollo, con lo que se ha de utilizar un sistema de riego debidamente programado para que no suponga un gasto excesivo.

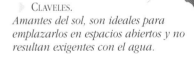

CLAVELES.
Amantes del sol, son ideales para emplazarlos en espacios abiertos y no resultan exigentes con el agua.

APROVECHAMIENTO

§ Con el aumento de las temperaturas hay que realizar siempre el riego por la noche para evitar que, por efecto de la evaporación, se desperdicie parte del agua.

§ La instalación de un sistema de riego por goteo optimiza el consumo.

§ Siempre que sea posible, hay que aprovechar las precipitaciones para recoger el agua de lluvia y utilizarla luego en el riego.

ÉPOCA DE FLORACIÓN. *En este periodo no hay que descuidar los aportes de agua, puesto que las plantas aumentan sus necesidades.*

DIFERENCIACIÓN DE ZONAS

AGRUPAR LAS PLANTAS SEGÚN SUS NECESIDADES BÁSICAS SIRVE TANTO PARA OPTIMIZAR EL CONSUMO DE AGUA COMO PARA EFECTUAR DE MANERA MÁS SENCILLA LAS LABORES DE MANTENIMIENTO. POR OTRA PARTE, DE ESTA FORMA SE PUEDEN ESTABLECER DISTINTAS ZONAS DENTRO DE UN MISMO JARDÍN, DEDICANDO ESPACIOS A ESPECIES DIFERENTES Y LOGRANDO COMBINACIONES DE AMBIENTES QUE SIRVAN DE NEXO COMÚN.

PLANTEAMIENTO INICIAL

La primera decisión que conviene valorar detenidamente es la superficie total que va a destinarse para instalar una pradera de césped, ya que de este factor depende en gran medida el consumo de agua que va a tener el conjunto del jardín. Por este motivo, la tendencia actual se decanta por una reducción en la extensión de estas zonas, dejando, eso sí, lugares destinados al esparcimiento de las personas que disfrutarán del jardín en función del uso que vaya a hacerse de éste. Sopesando las necesidades que puede tener el núcleo familiar, es fácil observar que no es preciso contar con una gran pradera de césped para disfrutar de un jardín espléndido, ya que entre las formas naturales de conseguir el verdor del suelo no hay que olvidarse de las plantas tapizantes, entre las que, dependiendo del uso que se vaya a dar a la zona, habrá que elegir a veces aquellas que puedan ser pisadas. Inmediatamente después hay que decidir las agrupaciones de plantas que van a efectuarse, el espacio que se va a destinar a cada una y la mejor

▲ UN LUGAR A LA SOMBRA. *La alegría es una planta que requiere una posición sombreada para su correcto desarrollo.*

▲ PRESENCIA DE COLOR. *Durante la primavera es posible disfrutar de espléndidas floraciones, muchas de ellas presentes a lo largo del verano.*

PLANIFICACIÓN DE PASEOS. *Un jardín bien planificado ha de permitir el fácil acceso a todas las zonas, no sólo para su mantenimiento sino también para poder disfrutar de ellas.*

forma de atender a sus necesidades, sin incurrir en errores básicos que podrían afectar a su desarrollo y aumentar el consumo de agua. Hay que tener en cuenta que al establecer estas agrupaciones especies distintas van a compartir un mismo lugar con características idénticas de luz, sol, agua, etcétera. Esto obliga a un conocimiento previo, por una parte, de los espacios ajardinados, considerando las peculiaridades y modificaciones climatológicas que sufrirán a lo largo del año, y por otro, de los requerimientos individuales de cada una de las plantas elegidas. Comenzando de mayor a menor necesidad de riego, podrían establecerse tres zonas bien diferenciadas. En primer lugar figuraría un ambiente húmedo, donde se ubicarían las plantas más consumidoras y el césped, espacio que, por motivos obvios, es

OSTEOSPERMUM SP. *A pleno sol y en suelos bien drenados, esta especie ofrece una generosa floración.*

aconsejable que no ocupe una gran extensión. Le seguiría en importancia un ambiente de humedad moderada, en el que estarían incluidas aquellas especies que demandan riegos esporádicos. La zona seca podría estar ocupada por cactus y plantas autóctonas, que no necesitarían apenas riego durante todo el año y sólo habría que suministrárselo ocasionalmente. Como es lógico, estas tres zonas se deben elegir de acuerdo con el mayor o menor número de horas de sol o de sombra que disfruten en cada época del año,

▲ ELEMENTOS PROTECTORES. *Muchas veces es preciso que determinadas especies no reciban el sol directo, al menos en las horas más calurosas del día, y para ello se puede proceder a cobijarlas bajo un toldo o parasol en la zona de descanso del jardín.*

▶ TAPIZ ORNAMENTAL. *La alternancia de varias especies arbustivas cuidadosamente podadas y sus juegos tonales consiguen atractivas combinaciones.*

◀ CACTUS DE NAVIDAD. *Esta especie se engalana con unas espléndidas flores, tan delicadas que no admite los traslados frecuentes porque las pierde.*

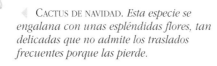

pues no atiende a los mismos requerimientos un espacio en el centro del jardín que un rincón a resguardo de un seto, o a la sombra de un frondoso árbol. Es probable que puedan establecerse ambientes preservados de los vientos fríos u otros dispuestos en un talud y orientados a la luz directa del astro rey durante gran parte de la jornada. También es preciso pensar en el tiempo y la dedicación que se está dispuesto a dedicar a este proyecto, ya que el diseño de un jardín conlleva siempre unas tareas periódicas de mantenimiento, y si se desea reducirlas quizás se deba optar por un jardín de estética minimalista. A partir de este punto, las combinaciones son tan variadas como las necesidades o los gustos de los propietarios, que pueden destinar a cada tipo de cultivo la parte que estimen oportuna según las condiciones hídricas de la región. Conviene insistir en este punto, puesto que en una zona donde ya se preven restricciones de agua sería

muy lamentable planificar un jardín, con toda la ilusión que implica, que luego pueda perderse en parte. Sin embargo, todas estas precauciones previas bien aplicadas demuestran que se logran excelentes recreaciones paisajísticas, llenas de vitalidad y respetuosas con el entorno.

SUPERFICIES ATRAYENTES

El suelo que no está ocupado por las plantas ni el césped o las plantas tapizantes también representa un lugar ideal para establecer múltiples combinaciones que hagan resaltar aún más la presencia de los ejemplares. Las alternancias de rocas con piedras o bolos, con arenas de colores, y sirviendo todos y cada uno de estos elementos, con el césped incluido, como separadores de las zonas, ofrecen una visión de conjunto muy novedosa para el jardín, en la que se limita en cierto modo la superficie de cultivo pero que proporciona un aspecto global muy atractivo y reduce las tareas de mantenimiento.

CRITERIO DE PLANTACIÓN

§ Cada zona concreta en que se divida el jardín ha de estar ocupada por plantas que tengan los mismos requerimientos, en lo que respecta tanto a radiación solar como a orientación.

§ Conviene que todas ellas precisen las mismas dosis de riego para evitar excesos o defectos, y se aconseja automatizarlo para un mayor ahorro.

§ Una resistencia pareja de todas las especies hace que no aparezcan antiestéticos huecos en la superficie de cultivo.

▼ MUROS. *Los setos pueden adornarse con especies florales para hacerlos más atractivos.*

SELECCIÓN DE ESPECIES

U NA DE LAS TAREAS MÁS ATRAYENTES CUANDO SE PLANIFICA UN JARDÍN ES LA DE SELECCIONAR LAS ESPECIES QUE VAN A INTERVENIR EN SU DISEÑO. APARTE DE SU COMPATIBILIDAD, ES EL MOMENTO DE COMENZAR A ANALIZAR SU COLORIDO, LA FLORACIÓN, EL PORTE, EL DESARROLLO QUE LLEGAN A ALCANZAR Y LAS INFINITAS COMBINACIONES QUE SE PUEDEN REALIZAR CON ESTOS PARÁMETROS.

LABOR DE CONJUNTO

El hecho de tratar el aspecto global de un jardín no significa que en él no vayan a figurar ejemplares solitarios que destaquen por sí mismos, como podría ser el caso de árboles, determinados arbustos con una poda de arte topiario y plantas singulares, sino que indica que hay que analizar el conjunto de las especies para crear una armonía tanto de necesidades de todas ellas como paisajística. Antes de ir a un vivero y llenar el carrito con todo tipo de plantas, cada cual más atrayente, es esencial dedicar un poco de tiempo a descubrir todas las posibilidades que encierra el enclave en el que hemos decidido cultivar un jardín xerofítico, pensando tanto en las ventajas como en los inconvenientes. Así, es preciso conocer factores decisivos como las características y las peculiaridades climatológicas de la zona, la calidad y la composición del suelo en el que van a crecer las especies preseleccionadas, sus necesidades de aporte de agua y su adaptabilidad y resistencia ante las plagas y enfermedades que puedan afectarlas. Y, cómo no, la orientación de la construcción y las horas de luz y de sol que permite a lo largo de todo el año, así como los espacios de sombra que proyecta sobre el terreno dedicado al cultivo. Completada con éxito esta primera fase, es posible crear una lista lo suficientemente extensa de candidatas entre las que elegir de acuerdo con criterios estéticos, sin olvidar peculiaridades tan importantes de las especies como la rapidez de crecimiento, la forma que va a ir

▲ APUESTA SEGURA. *La inclusión de hibiscos aporta un toque de naturalidad con sus grandes y llamativas flores.*

▼ INSUSTITUIBLES ROSAS. *Son tantas las variedades existentes de este género que se hace realmente difícil elegir entre ellas.*

adquiriendo el porte con el paso de los años y la vocación acaparadora, que podría afectar al resto de los cultivos de la zona, si no en un primer momento sí más adelante, cuando el jardín ya esté formado, con los problemas que ello siempre trae consigo. Es a partir de este punto cuando ya sólo resta buscar la armonía y el equilibrio de las plantas para disfrutar en un entorno excepcional.

PLANTAS AROMÁTICAS

NOMBRE LATINO	NOMBRE VULGAR
§ *Lavandula angustifolia*	Espliego
§ *Lavandula stoechas*	Cantueso
§ *Origanum vulgare*	Orégano
§ *Rosmarinus officinalis*	Romero
§ *Thymus citriodorus*	Tomillo de limón
§ *Thymus serpyllum*	Serpol
§ *Thymus vulgaris*	Tomillo

🔺 COMPAÑERA IDEAL. *El verde de la hiedra combina a la perfección con los distintos tonos de las fachadas.*

🔺 JUEGO DE COLORES. *Es preciso contar con el colorido de las floraciones para realizar combinaciones armoniosas.*

🔺 LIMONIUM MACROPHYLLUM. *La atractiva floración veraniega de esta especie se consigue en posiciones soleadas y sobre un suelo bien drenado.*

◀ RELAJANTES BONSÁIS. *Es posible convertir un rincón de la vivienda en un sitio especial si se opta por ubicar un bonsái en una columna levantada sobre pizarra, con un lecho de arena de albero y cantos rodados.*

SELECCIÓN BÁSICA

Buscando siempre la prioridad fundamental y primera premisa de la xerojardinería, que es la del ahorro racional de agua, en el criterio básico de selección de especies debe prevalecer el cultivo de aquellas mejor adaptadas a las condiciones medioambientales de la zona; así constituyen factores limitadores las temperaturas extremas, tanto de frío como de calor. Por ello, no está de más contar con estadísticas o gráficos de temperaturas medias en periodos de tiempo lo suficientemente prolongados para poder establecer unos límites máximos de aceptación, que comparados con las diversas especies faciliten una primera selección de los árboles, arbustos, trepadoras, vivaces, etcétera, más idóneos en cuanto a este primer aspecto. Las diferentes características del suelo en lo que se refiere a composición, contenido, acidez, etcétera, condicionan de igual modo el óptimo crecimiento de determinados cultivos en detrimento de otros y, puesto que en xerojardinería se procura la reducción de las labores de cultivo en la medida de lo posible, es preferible no modificar las condiciones del terreno artificialmente con enmiendas e incorporaciones que compensen sus carencias, a no ser que sea estrictamente necesario. Los diferentes requerimientos hídricos de las especies en principio preseleccionadas obligan a un tratamiento pormenorizado en cada caso, por lo que resulta esencial crear espacios separados dentro del jardín, en los que se agrupen plantas en función de este criterio. No obstante, el riego por goteo permite mediante cierto tipo de goteros dosificar el caudal en mayor o menor medida dependiendo de las necesidades. En esta misma línea, las plantas mejor adaptadas a la zona de cultivo, de resistencia demostrada a plagas, enfermedades y otros factores externos que pueden incidir negativamente en su desarrollo, como por ejemplo la polución en espacios próximos a centros urbanos o industriales, son las más recomendables. Las especies autóctonas que crecen de forma natural en el entorno, así como otras que podrían hacerlo debido a su similitud con aquéllas en cuanto a necesidades y requerimientos, son las más adecuadas también en este aspecto. La orientación de la vivienda y los elementos que intervienen en su construcción acotan diferentes zonas a lo largo del día y del año, con unas condiciones concretas en cuanto a horas de sol, de luz y de sombra, y crean a su vez espacios con unas

▲ FRUTOS Y BAYAS.
No sólo las flores constituyen un elemento ornamental, puesto que los frutos y las bayas que a veces cubren casi por completo los árboles y arbustos son sumamente llamativos.

▶ EXPLOSIÓN FLORAL.
En primavera son muchos los arbustos que materialmente se cuajan de atractivas flores.

▲ RAMOS COLGANTES. *La sensación de frondosidad que produce la glicinia convierte un simple muro en un lugar destacado.*

características muy definidas, que realizan por sí mismos su propia selección de especies. En tal caso, lo mejor es realizar una planificación lo más cercana a la realidad, que nos va a dar el espectro de posibilidades para concretar aún más la adjudicación a zonas húmedas, semihúmedas o secas de las especies más adecuadas y así asegurar el mejor ambiente a cada una de ellas, lo que acarreará un desarrollo sano y equilibrado, acompañado de un ahorro de agua y de tiempo en otras labores de mantenimiento. Pasados los filtros de selección planteados, podemos jugar con colores, texturas y formas para plasmar el más bello jardín, teniendo en cuenta que los árboles, setos y arbustos elegidos a su vez van a modificar el entorno según se desarrollen, proyectando sombras, originando nuevos ambientes o compitiendo entre sí por la luz, factores que, si es posible, debemos prever. También las estaciones les van a otorgar una imagen distinta, dotándolos tal vez de una exuberante floración con la llegada del buen tiempo, o dejando a la vista sus desnudas ramas entrelazadas en el crudo invierno.

PLANTAS TAPIZANTES

▶ COTONEASTER SP. *Las variedades de este género son apreciadas por el valor ornamental de sus flores y bayas.*

NOMBRE LATINO	NOMBRE VULGAR
§ *Aptenia* sp.	Aptenia
§ *Carpobrotus* sp.	Carpobrotus
§ *Lampranthus* sp.	Lamprantus / Uña de gato
§ *Mesembryanthemum* sp.	Mesembriantemo / Uña de gato

PLANTAS AUTÓCTONAS

L A DECISIÓN DE INCORPORAR PLANTAS AUTÓCTONAS EN EL JARDÍN SUPONE UNA ELECCIÓN QUE SIEMPRE OFRECE EXCELENTES RESULTADOS. COMO DATO MÁS IMPORTANTE, REPRESENTA LA FORMA MÁS SENCILLA DE ASEGURARSE LA VIABILIDAD DE LOS EJEMPLARES Y SU ACLIMATACIÓN, PUESTO QUE SE TRATA DE PLANTAS QUE PROCEDEN DEL MISMO ENTORNO, Y A LA VEZ SE CONSIGUE SU TOTAL INTEGRACIÓN EN EL PAISAJE.

UN SALUDABLE PASEO

Las condiciones climatológicas propias de cada región son las que influyen en la aclimatación de las plantas. Factores tales como la temperatura, la intensidad de luz y la radiación solar, el nivel de precipitaciones, la altura y la cercanía de ríos o mares representan elementos decisivos en la selección de las especies, impuesta por la propia naturaleza. A fin de conseguir acercarse al máximo a estos requisitos y cumplir con ellos sin tener luego ningún imprevisto, una sugerencia que resulta de lo más agradable consiste en dar un extenso paseo por la zona y observar todas las plantas, árboles y arbustos que se desarrollan de modo natural en el entorno que rodea la vivienda. Con poca atención que se preste, enseguida se observará una gran diversidad y, al mismo tiempo, un estado saludable general de las plantas. Esto indica su total aclimatación al medio, ya que aun sin los cuidados adicionales que pueda proporcionarles un jardinero

DIVERSOS USOS. *La frondosidad de la adelfa permite su utilización como decorativo y eficaz seto.*

ADELFA. *La vistosidad de su floración y su escasa demanda hídrica la convierten en elemento indispensable en los jardines.*

CANTUESO. *Aparte de su porte armonioso, el aroma que desprende consigue perfumar todo el entorno.*

VENTAJAS DE LAS PLANTAS AUTÓCTONAS

§ Mejor aclimatación.

§ Reducción del riesgo de enfermedades.

§ Riego moderado.

§ Mayor duración.

§ Escaso mantenimiento.

§ Integración en el paisaje.

crecen a la perfección. El motivo radica en que cada especie ha desarrollado a lo largo de los años mecanismos de defensa que le permiten evolucionar sin problemas en dicho hábitat, circunstancia que no tiene por qué darse en otras que se introduzcan. También es aconsejable comprobar qué ejemplares se cultivan en los jardines aledaños y cuáles parecen mejor aclimatados. Esta primera toma de contacto puede resultar muy valiosa para seleccionar aquellas que mejor se adapten a las necesidades y gustos personales de cada uno, aunque el conjunto se puede ampliar luego con variedades específicas de una misma especie o bien elegir otras de características similares. En este punto conviene señalar que existen otros muchos géneros introducidos desde hace tiempo precisan un mantenimiento mínimo y que también han adquirido ya un grado de aclimatación, lo que hace posible la alternancia y aumenta el espectro de opciones para decorar el jardín. Un buen punto de partida son los viveros de zona, donde todas ellas gozarán de una amplia representación. En ningún caso se

aconseja tomarlas directamente del campo, tanto por motivos medioambientales como porque podría tratarse de especies protegidas. Entre las grandes ventajas que ofrecen las plantas autóctonas figura también su reducido mantenimiento, ya que

las labores habituales se ven disminuidas por su aclimatación y mayor resistencia ante plagas o enfermedades locales. Este mismo hecho hace que tengan también una floración abundante, síntoma inequívoco de buena salud.

▲ *PINUS* SP. *La gran diversidad de sus variedades permite elegir el que mejor se adapte al conjunto del paisaje que rodea el jardín.*

▲ PLANTAS AROMÁTICAS. *Nunca deberían faltar en ningún jardín. Hay zonas en las que se encuentra una importante representación autóctona.*

CACTUS Y CRASAS

EL GRUPO DE LAS CACTÁCEAS SE ENCUENTRA ENTRE LOS MÁS UTILIZADOS EN JARDINES CON CIERTAS RESTRICCIONES DE AGUA, PUES SUS ESCASOS REQUERIMIENTOS A ESTE RESPECTO HACE QUE SEAN IDEALES PARA ORNAMENTAR DISTINTOS ESPACIOS, DESDE RINCONES ESPECÍFICOS HASTA PLANTACIONES MÁS EXTENSAS. FIELES ACOMPAÑANTES SON LAS PLANTAS CRASAS, QUE PERMITEN INFINITAS COMBINACIONES.

ESCULTURAS VIVIENTES

Una de las primeras cosas que llama poderosamente la atención al acercarse al universo de los cactus es la gran riqueza de formas que presentan sus diferentes géneros, sin olvidarse de la espléndida belleza de la floración de muchos de ellos, tan perfecta como a veces efímera. Su introducción en un jardín ofrece múltiples ventajas, entre las que cabe destacar su mínima demanda de riego y unos cuidados muy someros. Generalizando, requieren un lugar soleado y, muy importante, un suelo bien drenado, ya que en otras condiciones su sistema radicular terminaría por pudrirse. La mayoría de ellos son de lento crecimiento, lo que permite su permanencia en el terreno a lo largo de los años, aunque muchos también pueden crecer en macetas; en este caso se debe realizar el trasplante sólo cuando el tamaño sea excesivo con respecto al contenedor. Su trasplante es el único punto que entraña cierta dificultad, principalmente por sus persuasivos elementos de defensa, las espinas, que desarrollan para defenderse de sus posibles depredadores. Se aconseja manejarlos con unos guantes fuertes y, por supuesto, emplazarlos en zonas que no interfieran el paso para evitar posibles incidentes. Plantados en

◄ PORTE COLUMNAR. *Las especies de porte columnar han de permitir su completa observación desde distintos puntos de vista.*

MORFOLOGÍA DE LOS CACTUS

NOMBRE LATINO	PORTE
§ *Astrophytum myriostigma*	Esférico alargado
§ *Cereus peruvianus*	Columnar
§ *Cephalocereus senilis*	Columnar
§ *Cleistocactus strausii*	Columnar
§ *Echinocactus grusonii*	Esférico
§ *Ferocactus* sp.	Esférico columnar
§ *Mammillaria geminispina*	Esférico
§ *Mammillaria plumosa*	Esférico
§ *Opuntia ficus-indica*	Abrupto
§ *Parodia chrysacanthion*	Esférico
§ *Parodia warasii*	Esférico alargado
§ *Trichocereus spachianus*	Columnar

▲ *OPUNTIA* SP. *Dentro de este género figuran muchas especies, todas ellas caracterizadas por sugerentes formas de gran atractivo visual.*

un terreno liso o en talud, lo que hay que tener en cuenta es que unos ejemplares no oculten la visión de los otros, cosa nada difícil de conseguir debido a la gran variedad de portes de los distintos géneros. Así, por ejemplo, conviene situar los ejemplares de porte columnar y mayor tamaño más al fondo de la composición, reservando la parte delantera para aquellos de porte esférico y los más pequeños. En estos proyectos, las plantas crasas, que tienen requerimientos generales muy similares y ofrecen infinitas variedades, constituyen el complemento idóneo, por lo que es habitual la convivencia en el mismo

AGAVE AMERICANA. *Esta especie perteneciente a la familia de las agaváceas se distingue por las franjas amarillas que bordean sus espléndidas y puntiagudas hojas.*

APARIENCIA ENGAÑOSA. *A pesar de que podría pensarse que se trata de un cactus, esta variedad de euforbia pertenece a la familia de las plantas crasas. Se desarrolla espléndidamente en las cercanías del mar.*

terreno de ambos géneros. Para conseguir un ambiente más natural, estos entornos suelen adornarse con rocas de distintos tamaños, que afianzan el terreno y permiten la plantación de ciertas especies entre sus oquedades. También es frecuente el empleo de gravas de origen volcánico, que además de mantener la humedad del suelo crean un efecto decorativo muy llamativo por el contraste tonal con el verdor de las plantas.

CRECIMIENTO EN MACETA. *Dependiendo del tamaño, existen muchas especies de cactus y crasas que se desarrollan sin problemas en macetas.*

PALMERAS

LA SENSACIÓN DE SUNTUOSIDAD Y MAGNIFICENCIA QUE TRANSMITE LA SILUETA DE LA PALMERA ES ALGO DIFÍCIL DE CONSEGUIR CON OTRAS ESPECIES. SU INCLUSIÓN EN UN JARDÍN GARANTIZA UN RASGO DE DIFERENCIACIÓN Y PERMITE UNA PLANIFICACIÓN A LARGO PLAZO, YA QUE LA MAYORÍA SON DE LENTO CRECIMIENTO. ADEMÁS, SU NIVEL TANTO DE REQUERIMIENTOS HÍDRICOS COMO DE MANTENIMIENTO ES MODERADO.

UN ENTORNO PROPICIO

A modo introductorio, quizás convendría señalar que no todas las especies que a veces consideramos erróneamente como palmeras pertenecen en realidad a este género. La principal diferencia resulta evidente en sus flores, pequeñas y protegidas por una cubierta rígida denominada espata, y en sus sabrosos frutos, como los cocos o los dulces dátiles. Existen otras, como *Dracaena* sp. (drácena), *Cycas* sp. (cica), o *Yucca* sp. (yuca), que a pesar de compartir muchos rasgos morfológicos y portes realmente atractivos no lo son. Las palmeras suelen mostrarse resistentes a las diferencias climatológicas, y se encuentran casos como *Chamaerops humilis* (palmito), que llega a soportar temperaturas algo inferiores a 0 °C así como la contaminación atmosférica propia de las grandes ciudades, si bien ésta no representa la norma general. Por debajo de 0 °C encuentran serias dificultades para desarrollarse, salvo que lo hagan en invernaderos, y uno de sus principales problemas es la drástica variación de temperatura que puede producirse con el cambio de estaciones. Aunque la mayoría demanda una posición soleada, no hay que olvidar que algunas provienen de zonas boscosas y selváticas, donde incluso pueden crecer a la sombra, como *Chamaedorea elegans* (camadorea), por lo que antes de incorporar cualquier tipo de palmera conviene cerciorarse previamente de sus necesidades básicas. A este respecto, hay que mencionar que la introducción de nuevas especies de origen tropical es un hecho evidente. Son unas plantas muy agradecidas, ya que no se muestran exigentes con respecto al suelo, aunque les agrada el arenoso. Eso sí, necesitan como factor indispensable contar con un buen sistema de drenaje para que el agua no se acumule en sus raíces. Otro hecho que les beneficia es la proximidad del mar o de grandes extensiones de agua, con su correspondiente humedad ambiental, que constituye un elemento favorable en su evolución. Dependiendo de la especie, precisan mayor o menor caudal de riego y, una vez más, el

▶ RECREACIÓN PAISAJÍSTICA. *Al procurar acercarse al máximo a su hábitat natural las palmeras disfrutan de mejores condiciones.*

LAS PALMERAS Y EL AGUA

NOMBRE LATINO	NOMBRE VULGAR	RIEGO
§ *Bismarckia nobilis*	Palmera de Bismarck	Resistente sequía
§ *Butia capitata*	Palmera de jalea	Resistente sequía
§ *Chamaerops humilis*	Palmito	Resistente sequía
§ *Erythea armata*	Palmera azul	Resistente sequía
§ *Phoenix canariensis*	Palmera de Canarias	Moderado
§ *Raphis excelsa*	Palmerita china	Moderado
§ *Washingtonia filifera*	Palmera de abanico californiana	Moderado

ORNAMENTACIÓN DE LA BASE. *Una alternativa muy vistosa consiste en plantar flores de temporada rodeando el tronco de las palmeras.*

aconsejable es el sistema por goteo, que en muchos casos será mínimo, sobre todo en otoño e invierno. Las labores de mantenimiento son muy someras, y las palmeras ofrecen la ventaja de generar muy pocos restos vegetales, lo que redunda en la limpieza del entorno y en que las tareas son mínimas. Se aconseja su ubicación en un lugar resguardado para protegerlas de los vientos fríos; la fachada de la vivienda resulta ideal en este aspecto. No obstante, hay que tener en cuenta el crecimiento general que va a ir adoptando su porte, ya que si se planta muy cerca de una pared o de un muro podría darse el caso de que, con los años, sus grandes hojas se vieran obstaculizadas. Estéticamente son plantas que siempre ofrecen resultados espectaculares, ya sea plantadas en solitario o en agrupaciones; se debe buscar en este último supuesto una compatibilidad de requerimientos así como posiciones que permitan apreciar bien sus diferentes siluetas. El grado de aclimatación de muchas especies en nuestro país es muy elevado, y se pueden encontrar ejemplos por toda nuestra geografía, entre los que destaca uno tan significativo como el del Palmeral de Elche, declarado Patrimonio de la Humanidad, donde, entre otras especies, se encuentra una impresionante representación de *Phoenix dactylifera,* la conocida vulgarmente como palmera datilera por sus suculentos frutos.

CYCAS REVOLUTA. *A pesar de su aspecto de palmera, esta especie, una de las más antiguas conocidas, no lo es.*

CONVIVENCIA DE ESPECIES. *Las combinaciones de* Phoenix *sp. con* Yucca *sp. son habituales en muchos jardines por sus impactantes siluetas.*

ÁRBOLES Y ARBUSTOS

E L EMPAQUE QUE CONFIEREN LOS ÁRBOLES A LOS JARDINES RESULTA ALGO INDISCUTIBLE, YA SEA PLANTADOS INDIVIDUALMENTE O EN GRUPO. SUS SILUETAS RECORTADAS SOBRE EL CIELO REPRESENTAN POR SÍ MISMAS UN POTENTE ELEMENTO DECORATIVO, Y ENCUENTRAN SU COMPLEMENTO MÁS LÓGICO EN LOS ARBUSTOS. EXISTEN TANTAS ALTERNATIVAS TAN SUGERENTES EN AMBOS GÉNEROS QUE LO DIFÍCIL ES HACER UNA ELECCIÓN.

PLANIFICACIÓN A LARGO PLAZO

Cuando se tiene la intención de introducir árboles en un jardín, una de las primeras cosas que hay que tener en cuenta es que se trata de una plantación que va a permanecer en el terreno a lo largo de muchos años, con su consiguiente evolución en el tamaño general del porte y de su altura. Esto implica que se debe elegir cuidadosamente su ubicación, puesto que en este caso no sólo se trata de buscar un buen emplazamiento que cubra sus necesidades básicas, sino que también ha de ser capaz de mantenerlas durante toda su vida, sin que ningún elemento pueda suponer un impedimento esencial para su correcto desarrollo. A fin de cumplir con estas premisas, cuando se trata de ejemplares individuales, y dependiendo de la especie, no deben situarse muy próximos a los elementos de la construcción de la casa con objeto de que no se vean limitados, y también porque el potente sistema radicular de muchos de ellos llega a levantar incluso pavimentos en su búsqueda del agua. Si lo que se desea es contar con un grupo de árboles, entonces se hace imprescindible respetar las distancias mínimas de plantación entre las especies para evitar posibles

ARBUSTOS DESTACADOS

NOMBRE LATINO	NOMBRE VULGAR	CARACTERÍSTICA
§ *Acer palmatum*	Arce japonés	Color hojas otoño
§ *Callistemon* sp.	Calistemo	Bella floración
§ *Cistus* sp.	Jara	Bella floración
§ *Cotoneaster* sp.	Cotoneaster	Color bayas
§ *Feijoa sellowiana*	Feijoa	Flor y fruto comestible
§ *Genista* sp.	Genista	Flores aromáticas
§ *Hibiscus* sp.	Hibisco	Bella floración
§ *Pittosporum* sp.	Pitosporo	Flores aromáticas

ARBUSTOS ORNAMENTALES. *La mahonia forma parte del grupo de arbustos que ofrecen una llamativa floración.*

ESPLENDOR DE LAS HOJAS. *Las grandes hojas del arce, con el tono rojizo que adquieren en otoño, resultan espectaculares.*

LIGUSTRUM SP. En algunas variedades de aligustre aparecen tras la floración unos pequeños frutos, de color verde primero y negros al madurar.

FLORACIÓN DEL ALMENDRO. *El anuncio de la próxima primavera encuentra su mejor mensajero en las delicadas flores del almendro.*

interferencias. Las preferencias personales y la utilización que vaya a dársele al jardín serán las que marquen las especies escogidas, bien de hoja perenne o caduca, frutales, etcétera, aunque conviene contar con alguna especie que proyecte sombra y mitigue el calor del verano, ya que permitirá pasar más tiempo al aire libre. Entre los géneros *Acacia* sp. (acacia), *Eucalyptus* sp. (eucalipto), *Quercus* sp. (roble) o *Tamarix* sp. (taray), se encuentran algunas de las especies con menos necesidades hídricas. A modo de recordatorio, se aconseja contar también con las especies autóctonas, que siempre ofrecen garantías de aclimatación. En lo que respecta a los arbustos, su caso es parecido, ya que también se trata de especies duraderas y que, por tanto, van a sufrir bastantes modificaciones en su porte. Si los árboles cuentan con una gran diversidad, los arbustos no defraudan a nadie, y a veces existe una sutil línea diferenciadora entre ambos géneros, marcada principalmente por un tronco único en el caso de los árboles. Son tantas las especies de los arbustos que se pueden elegir por la floración, por sus bayas o frutos, por la tonalidad de sus hojas, por el porte o por su frondosidad, entre otros aspectos. *Callistemon* sp. (calistemo), *Hibiscus* sp. (hibisco), *Lantana* sp. (lantana) o *Pittosporum* sp. (pitosporo), por citar sólo algunos ejemplos, se encuentran entre las mejores opciones en xerojardinería. Tantas alternativas, posibilitan que el jardín vaya modificándose con el paso de las estaciones, creando diferentes ambientes según la época del año.

LA BELLEZA DE LAS FLORES. *Muchos arbustos, como es el caso del hibisco, exhiben una floración de gran valor ornamental. Como se puede apreciar, los diferentes tipos de poda consiguen aspectos bien diferenciados.*

PLANTAS EN MACETA

SEA CUAL SEA LA PLANIFICACIÓN QUE SE HA HECHO DEL JARDÍN, SIEMPRE VAN A EXISTIR DETERMINADOS ESPACIOS QUE VAN A ESTAR OCUPADOS POR PLANTAS EN MACETAS. ESTA ALTERNATIVA OFRECE MUCHAS VENTAJAS, YA QUE LAS MACETAS SE PUEDEN OCUPAR CON ESPECIES DE TEMPORADA E INCLUSO PLANTAR EN ELLAS OTRAS MÁS DELICADAS QUE, POR SU FACILIDAD DE TRASLADO, PUEDEN PONERSE A COBIJO ANTE POSIBLES INCLEMENCIAS.

PASOS INICIALES

Son muchas las especies que admiten el desarrollo en macetas sin problemas, por lo que no se va a encontrar ninguna dificultad si se opta por incluir este cultivo en el jardín. Una recomendación es conocer antes con exactitud las necesidades de la planta seleccionada, ya que esto evitará una mala ubicación, tanto de orientación como en lo concerniente al tipo de contenedor. Lo primero que hay que tener en cuenta es que el tamaño del recipiente guarde relación con el del cepellón del ejemplar, pues si llegara a acusar una falta de espacio podría sufrir su sistema radicular y deteriorarse. Este elemento ya representa una llamada de atención,

▶ APOTEÓSICA FLORACIÓN. *La proximidad de varias macetas florecidas en un mismo espacio crea ambientes repletos de color.*

◀ ROSA SP. *Se encuentra entre las plantas que crecen bien en maceta; requiere un tiesto con profundidad.*

▲ ORNAMENTACIÓN DE ESCALERAS. *Las diferentes alturas de los escalones resultan un lugar idóneo para emplazar tiestos y romper la uniformidad de la construcción.*

HERRAMIENTAS NECESARIAS

§ Plantador

Disponible en distintos tamaños, resulta imprescindible en las labores de trasplante y aireación del sustrato. Se aconseja utilizar aquellos fabricados en materiales resistentes, para evitar su deterioro, así como los de diseño ergonómico para facilitar las tareas.

§ Tijeras de poda

Salvo en las excepciones de los ejemplares de gran tamaño, unas pequeñas serán suficientes para realizar las podas, retirar ramas o partes secas, y cortar las flores marchitas. Según los modelos varía la disposición y la forma de las hojas, que han de mantenerse siempre bien afiladas y limpias para evitar la posible transmisión de enfermedades.

§ Guantes

Su principal cometido es proteger las manos durante los distintos trabajos de jardinería, y su grosor recomendado depende del tipo de ejemplares que se estén manejando. Cuando se trata de cactus o especies que tengan pinchos su grosor ha de ser el suficiente para que no los traspasen.

pues hay especies, como puede ser *Syringa* sp. (lilo), que precisan una profundidad generosa de plantación, mientras que otras muchas, como por ejemplo las plantas de temporada, se conforman con menos espacio. En este espacio se incluye, en el fondo de la maceta, una capa de sustrato adecuada para la especie en concreto y los correspondientes e indispensables elementos de drenaje, como un fondo a base de pequeñas piedras, trozos de tiestos de arcilla ya desechados y un recorte de rejilla de plástico que cubra los orificios de desagüe. Además, una vez hecho el trasplante, una nueva capa debe cubrir bien la parte superior de la maceta, sin alcanzar el borde para que quede espacio en el que, por un momento, se acumule el agua sin que rebose antes de su desaguado, lo que asegura un riego correcto sin gastos superfluos. Ha de caber con suficiente holgura pero sin exageraciones, ya que cuando se trata de ejemplares que van a perdurar en el tiempo es preferible ir realizando

NECESIDADES. *Algunas plantas, como el agerato, no precisan demasiado riego, pero sí que la tierra que envuelve sus raíces no llegue a secarse.*

AHORRO DE AGUA. *Existen estructuras en hierro forjado capaces de albergar tres macetas dispuestas unas sobre otras. Aparte del atractivo visual que aportan, ofrecen una importante reducción en el gasto de agua, e incluso un ahorro en el tiempo dedicado al riego.*

progresivamente los trasplantes, adecuándose por supuesto a la temporada más benigna y procurando no hacerlos muy seguidos, porque ha de considerarse que tras esta labor la planta siempre va a necesitar un periodo de adaptación a su nuevo ámbito. Este factor no se presenta cuando se decide incluir plantas de temporada para disfrutar de la belleza de sus flores y, al tiempo, ir modificando el aspecto del jardín según transcurren las estaciones, como se daría con ejemplares de *Petunia* sp. (petunia), *Viola* sp. (pensamiento), *Primula* sp. (primavera), o *Tagetes* sp. (tagetes), cuyo ciclo no va a hacer preciso nuevos trasplantes. Generalizando, estas especies suelen presentar un sistema radicular bastante reducido, por lo que tampoco será necesario contar con recipientes de gran profundidad. Cuando las plantas crecen en macetas hay dos aspectos dignos de consideración. Uno de ellos es que al crecer en un espacio con el suelo limitado los nutrientes tienden a agotarse más pronto, por lo que se recomienda abonar en las épocas precisas y proceder a la sustitución total de la tierra o al menos de la parte superior de la maceta si se observa que tiene una apariencia arenosa y que las plantas pierden vigor. El otro aspecto es que este emplazamiento, sobre todo si las plantas están situadas a pleno sol, hace que el agua se evapore más fácilmente, por lo que también hay que vigilar el riego; con el objeto de ahorrar agua se recomienda el riego por goteo.

ALGUNAS IDEAS

Un consejo que puede servir de ayuda a la hora de elegir el tipo de recipiente más adecuado es efectuar una visita a un vivero o a una tienda

⚘ CRISANTEMOS. *Las distintas variedades de crisantemo se encuentran entre las plantas que se desarrollan bien en maceta.*

▶ TRASPLANTE. *Cuando llega este momento, conviene tener a la vista los distintos recipientes para elegir el que mejor se ajuste a las necesidades de cada planta.*

especializada. Aparte de que siempre se va a pasar un rato agradable, disfrutando con la visión de montones de plantas diferentes, el contemplar en persona la casi infinita variedad de contenedores existentes seguro que lleva a una selección más acorde con el entorno del jardín. La primera duda concierne a la elección del material en que están fabricados, básicamente cerámica o plástico. En favor de la cerámica figura que sus paredes retienen mejor el agua de riego y que su aspecto natural, con esa diversidad de tonalidades ocres tan atrayentes, permite una total integración en el paisaje. En su contra, destaca su peso y que, en caso de reutilización, han de lavarse a conciencia, sobre todo cuando hayan contenido algún ejemplar enfermo. Los de plástico, al ser más livianos, pueden trasladarse con mayor facilidad, pero en caso de ráfagas de aire, si no tienen el sustrato bastante húmedo, pueden volcarse. Aunque en la actualidad se está cuidando mucho la estética de estos recipientes, ornamentalmente resultan menos vistosos, sobre todo cuando empiezan a ponerse mates con el uso. Y si se quiere mayor vistosidad, no hay que olvidarse de los cubremacetas, perfectos si lo que se desea es destacar algunos de los ejemplares.

▲ GRANDES MACETONES. *La gran variedad existente en cuanto a tamaños permite albergar infinidad de especies en maceta.*

▲ CAPRICHOSAS FORMAS. *Este tipo de tiesto está concebido para el cultivo de las fresas, pero además puede utilizarse para la plantación de diversas especies.*

RIEGO MODERADO

NOMBRE LATINO	NOMBRE VULGAR
§ *Bellis perennis*	Belis
§ *Celosia plumosa*	Celosía
§ *Chrysanthemum* sp.	Crisantemo
§ *Dianthus* sp.	Clavel, Clavellina
§ *Kalanchoe blossfeldiana*	Kalanchoe
§ *Lantana* sp.	Lantana
§ *Pelargonium* sp.	Geranio, Gitanilla
§ *Salvia officinalis*	Salvia
§ *Zinnia* sp.	Cinia

REDUCCIÓN DEL GASTO DE AGUA

Apesar de que las tres cuartas partes de la superficie terrestre están cubiertas de agua, no hay que olvidar que se trata de agua salada, y que la carencia de agua dulce es un hecho en muchas regiones del denominado planeta azul. Preservarla y utilizarla racionalmente es una responsabilidad que todos debemos asumir tomando las medidas precisas para su ahorro.

CRITERIOS BÁSICOS

Como ya ha quedado reflejado en capítulos precedentes, la reducción del gasto de agua en una zona ajardinada, desde el punto de vista de la jardinería xerofítica, pasa por un reconocimiento del terreno en cuanto a orientación, climatología, etcétera, así como por un prediseño del jardín consecuente con las características de éste. También es necesario realizar un análisis del suelo para saber su constitución y su nivel de pH, de modo que pueda efectuarse una adecuada selección de especies que sean compatibles con las propiedades que reflejan estos estudios preliminares. Entre las plantas que superan esta primera criba, tienen prioridad aquellas que demandan pocos requerimientos hídricos, así como las que demuestran resistencia a plagas y enfermedades. A la hora de proceder al diseño definitivo con las especies más idóneas, es muy importante reducir en la medida de lo posible el espacio dedicado a césped, y emplear uno de los que tienen una menor necesidad hídrica. También es posible optar por plantas tapizantes, que consumen menos agua, en zonas que no se vayan a

▲ IMPACTANTES FORMAS. *La belleza de las flores se encuentra muchas veces en sus caprichosas formas, como en el caso de las casi irreales que regala* Osteospermum *sp.*

▶ FACILIDAD DE CULTIVO. *Las margaritas llegan a formar verdaderas matas de flores, transmitiendo cierto aire ingenuo al entorno.*

pisar. El empleo de recubrimientos orgánicos o inorgánicos para el suelo, en mayor o menor medida, añade a su reconocido valor estético una demostrada eficacia en la reducción de la evaporación del agua de riego y, por tanto, colabora de manera activa en el ahorro hídrico que se pretende. Es precisamente en las labores de riego donde se concentran la mayoría de las alternativas de ahorro, que comienzan ya desde la elección misma del sistema de regadío más adecuado, que es sin duda el que se lleva a cabo a través de goteros y microaspersores. Mediante un sencillo programador es posible controlar de forma automática todo un jardín de manera que el riego se produzca por la noche, para evitar la evaporación, y se puede anular el proceso los días en los que se prevé lluvia y en los posteriores si el suelo permanece todavía húmedo. El riego automático requiere un seguimiento durante al menos una semana, para reajustar el caudal de las salidas de agua y los tiempos a tenor de los resultados para evitar encharcamientos o terrenos poco humedecidos. También se puede optar por tomar el agua de riego de

un depósito de almacenado de agua de lluvia. Bastará con ubicarlo en la bajante que desagua los canalones del tejado de la vivienda. Así, es posible disponer de agua para el riego sin coste alguno y respetando la normativa de restricciones en periodos de sequía. Por otra parte, conviene recordar que los árboles adultos precisan menos cantidad de agua y, al mismo tiempo, dan buena sombra a otras plantas, amortiguando la evaporación. Es

fundamental que dispongan de unos buenos alcorques, que facilitarán la recepción del agua y en los que pueden crecer especies de temporada. Las podas de árboles y arbustos están contraindicadas en xerojardinería, ya que les llevan a realizar un mayor consumo de agua, lo que también ocurre con el uso desmedido de fertilizantes. En cuanto al césped, es preferible dejarlo algo más crecido, pues demandará menos agua y se hará más resistente.

◀ RIEGO EN MACETA. *Si se dispone de un buen número de macetas, el riego por goteo representa una solución interesante.*

▶ ROSALES TREPADORES. *Situados sobre arcadas o creciendo contra los muros son un elemento ornamental imprescindible.*

DISTINTOS SUELOS

L A RESPONSABILIDAD QUE A TODOS NOS ATAÑE EN EL AHORRO DEL CONSUMO DEL AGUA HA SIDO EL CAUCE PARA LA IMPLANTACIÓN DE DISTINTOS SUELOS EN LOS JARDINES, HASTA AHORA CASI MONOTEMÁTICOS CON SUS PRADERAS DE CÉSPED. RESTRINGIR SU PRESENCIA Y CONTAR CON OTROS ELEMENTOS, COMO LAS PLANTAS TAPIZANTES O LOS ÁRIDOS Y LAS PIEDRAS, APARECEN COMO LAS SOLUCIONES MÁS COHERENTES.

DIBUJANDO SOBRE EL TERRENO

Las dimensiones del jardín y el uso que vaya a hacerse de éste son los que condicionan en cierta medida la presencia o la ausencia de determinadas especies, circunstancia que se repite a la hora de decidir la planificación de los distintos suelos que van a formar el conjunto del terreno. Esta premisa cobra mayor importancia cuando se decide optar por un jardín inspirado en las actuales tendencias de la xerojardinería, en las que prima el ahorro en el consumo de agua. Puesto que todo gira en este ámbito, no es aconsejable destinar grandes extensiones a praderas de césped, ya que representan la mayor demanda de agua de un jardín. Sin renunciar a su presencia, pueden combinarse zonas dedicadas al césped con otras cubiertas por gravas, arenas de colores, cantos rodados y bolos, configurando equilibradas alternancias. En este punto conviene mencionar la posibilidad de conseguir un verdor natural en el suelo con la inclusión de plantas tapizantes, bien

▲ CORTEZAS DE PINO. *Preservan a las especies de las inclemencias y conservan la humedad.*

▲ CANTOS RODADOS. *Sirven para delimitar determinadas zonas y retienen la humedad del terreno.*

▲ ARENA DE ALBERO. *La viveza de su color hace resaltar sobremanera las plantas que la rodean.*

▲ GRAVAS DECORATIVAS. *Además de preservar la humedad, permiten realizar múltiples diseños.*

sea sobre un terreno llano o situadas en taludes. Existen muchas especies que, además de ser resistentes y tener una floración atractiva, generalmente en tonos rosados, violetas o blancos, requieren muy poco riego, y la única precaución que se debe tomar al plantarlas es que algunas son bastante invasoras. Si hay algo indiscutible, es que los paisajistas son capaces de recrear verdaderas maravillas con estos elementos, pero hay que reconocer que en este caso, igual que en el de un jardín convencional, se trata de una labor que puede realizar uno mismo aplicando el sentido común y una dosis de cariño por el trabajo bien hecho. Para tener una imagen más concreta de cómo puede abordarse esta tarea, una buena idea es pensar en su planificación como si se tratara de un tapiz, donde van a intervenir distintos colores y van a jugar a favor los portes de las plantas seleccionadas y los diferentes volúmenes de los demás elementos que van a participar en la composición. Lo más aconsejable es dibujar un pequeño plano en papel y reflejar en él las medidas y las diferentes áreas en que se va a dividir el jardín, teniendo siempre en cuenta las zonas de paso y de descanso, así como de juegos si hubiese niños.

A TENER EN CUENTA

Una buena preparación del terreno resulta básica: es imprescindible que las superficies que vayan a estar cubiertas por gravas, arenas o cantos rodados se hallen totalmente libres de malas hierbas. Tras la correspondiente limpieza a fondo, hay que instalar una malla antigerminante para evitar su reproducción pues, de otro modo, luego sería casi imposible conseguir una limpieza correcta y el aspecto descuidado del jardín desmerecería mucho. Estas mallas son fáciles de encontrar en los centros de jardinería, y su colocación no implica ninguna dificultad. También se utilizan para

▲ PLANIFICACIÓN EFECTISTA. *Jugando con los diferentes elementos y combinándolos sabiamente se recrean espacios de gran valor ornamental.*

▼ TALUDES CON COLOR. Lotus *sp. aporta su bello colorido envolviendo las rocas de su entorno con sus brazos extendidos. No resulta exigente con el agua y ofrecerá su mejor imagen en taludes orientados al este.*

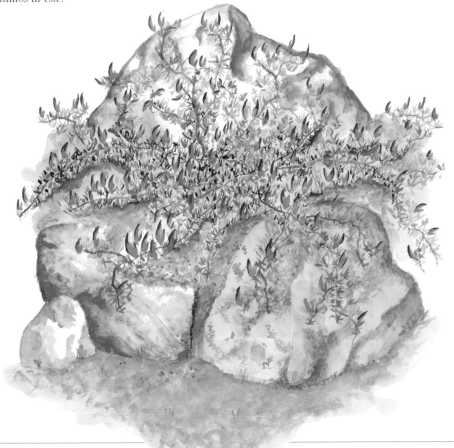

establecer zonas con arena de río destinadas a los juegos de los más pequeños. Por otra parte, hay que contar con un sistema eficaz de separación entre las distintas zonas para impedir la invasión parcial, algo bastante frecuente en el caso de las arenas y las gravas si no se ponen los medios necesarios. Detalles tan elementales a simple vista evitan luego tediosas tareas de mantenimiento, que tomando las precauciones oportunas son prácticamente inexistentes. Todos estos elementos se prestan para realizar los más variados dibujos sobre la superficie, generalmente geométricos, y se pueden combinar los muchos colores en que están disponibles, logrando composiciones de gran impacto visual y ambientes apacibles plenos de serenidad. Este entorno puede enriquecerse con la presencia de rocas y bolos, cuyo tamaño y extensión dependen de las dimensiones del jardín, ya que por motivos estéticos y de tránsito no conviene sobrecargar la zona ajardinada.

EL JARDÍN ZEN

La manifestación más espiritual y extrema de un jardín seco se encuentra en el denominado jardín zen o *karesansui,* un tipo de jardín japonés en el que prevalece el empleo de los minerales sobre los vegetales. Es un terreno cubierto con una capa de arena o grava, salpicado con alguna roca, que según la tradición es empleada por los monjes zen japoneses para realizar la meditación. La arena próxima

SUELOS CON ÁRIDOS

§ Arenas y alberos

Representan el aliado indispensable para establecer caminos y senderos. La asentación que logran, unida a su fácil distribución, permite realizar distintos dibujos sobre la superficie.

§ Gravas decorativas

Utilizadas en la decoración de distintos espacios, también se emplean para realizar diseños. Su instalación sirve tanto para mantener la humedad del terreno como para aminorar los efectos de los cambios bruscos de temperatura.

§ Cantos rodados

Se extienden fácilmente sobre el terreno a modo de ornamentación y brindan la ventaja de ofrecer un buen sistema de drenaje.

§ Bolos

Disponibles en diferentes calibres y colores, intervienen en la decoración del jardín y como elemento de separación entre las gravas y los alberos.

▶ SIMPLICIDAD DE LÍNEAS. *Las recreaciones paisajísticas no tienen por qué aparecer recargadas, pues una distribución menos compacta logra que todas las especies destaquen más.*

◀ PLANTAS TAPIZANTES. *La excelente cobertura que se obtiene con muchas de estas plantas permite conseguir un suelo repleto de verdor.*

BOLOS. *Los diferentes calibres en que están disponibles garantizan su incorporación en la mayoría de los jardines.*

JARDÍN DEL TEMPLO RYOANJI. *Realizado en el siglo XV, representa el típico jardín seco japonés. Está cubierto con grava y salpicado de rocas. Se dice que en él se puede observar el universo entero.*

TRASPLANTE. *El buen **drenaje de las macetas** se consigue con una base de piedras y arena de río en el fondo del recipiente.*

a las rocas es rastrillada en círculo en representación de las ondulaciones del agua, mientras que el resto se rastrilla en paralelo a los márgenes del terreno, simulando el océano, dentro del cual las rocas son las islas del archipiélago japonés. El *karesansui* data del periodo Muromachi, hacia el siglo XIV, en representación de un minimalismo a ultranza, basado en la máxima simplicidad y en la estética del vacío. Según sus seguidores, este tipo de jardín llama a la espiritualidad del individuo, creando el camino al equilibrio y la paz interior. En el templo de Ryoanji se halla el jardín *karesansui* más renombrado, incorporado al edificio a finales del siglo XV. En la actualidad, muchos de los diseñadores más prestigiosos de Occidente, influenciados por esta concepción paisajística, tratan de acomodar en sus creaciones parte de esta estética, apartándose en la medida de lo posible de la sobriedad original que la acompaña pero procurando no perder su esencia. En otras ocasiones, incorporan especies muy limitadas propias del jardín japonés tradicional, que fusionan para obtener ambientes minimalistas de gran valor ornamental.

PLAGAS Y ENFERMEDADES

LA BUENA SALUD DE LAS PLANTAS HACE QUE UN JARDÍN APAREZCA BIEN CUIDADO, Y ANTE EL MENOR SÍNTOMA DE UNA ENFERMEDAD O UNA PLAGA HAY QUE TOMAR MEDIDAS PARA ATAJARLA DE MANERA INMEDIATA CON EL FIN DE QUE NO SE PROPAGUE AL RESTO DE EJEMPLARES. LAS MEDIDAS PREVENTIVAS DE VIGILANCIA PERIÓDICA PERMITEN SOLUCIONAR MUCHOS PROBLEMAS AL DETECTARLOS EN SUS PRIMEROS ESTADIOS.

MEDIDAS PREVENTIVAS

La prevención representa una buena base para afrontar futuros problemas; en este caso, posibles plagas o enfermedades en el jardín. La época del año en que suelen aparecer la mayoría de los inconvenientes es la primavera, cuando todo despierta en la naturaleza y, cómo no, también los visitantes indeseados. Un jardín xerofítico, de líneas minimalistas o autóctono, va a tener en términos generales una menor exposición a estos riesgos por sus propias características. En el primer caso, suelen realizarse plantaciones no demasiado compactas, lo que aminora la transmisión entre ejemplares, y cuando se trata de plantas autóctonas éstas ya se encuentran en su hábitat natural, factor que facilita una mayor resistencia. Las plantas nos avisan de sus enfermedades y, por ello, conviene realizar revisiones periódicas observando el estado de sus hojas, tanto por el haz como por el envés, los nuevos brotes, los capullos de las flores y la intensidad de la floración, un posible estancamiento en el crecimiento y cualquier aspecto que

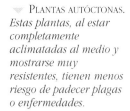

MANTENIMIENTO. *Labores tan sencillas como la retirada de hojas y flores marchitas o de ramas secas contribuyen a mejorar la salud de las plantas.*

PLANTAS AUTÓCTONAS. *Estas plantas, al estar completamente aclimatadas al medio y mostrarse muy resistentes, tienen menos riesgo de padecer plagas o enfermedades.*

APARIENCIA DE LAS HOJAS. *La presencia de manchas, tanto en el haz como en el envés de las hojas, representa una llamada de atención.*

▶ PRESENCIA DE PULGÓN. *Los nuevos brotes, los capullos y el envés de las hojas son los lugares preferidos de los pulgones.*

CONSEJOS BÁSICOS

§ Una revisión periódica de los ejemplares permite detectar plagas y enfermedades en los primeros estadios, lo que hace más fácil su erradicación.

§ Siempre que sea posible, es preferible utilizar preparados naturales, que no van a dañar el medio ambiente.

§ Hay que tener en cuenta que un ejemplar afectado puede servir de transmisor de la enfermedad a los que se encuentran en su entorno.

no se corresponda con su desarrollo habitual. Detectado el problema, es preferible utilizar tratamientos naturales, que no resultan dañinos para el entorno o, si ya se encuentra en un estado avanzado, recurrir a los tratamientos fitosanitarios adecuados a cada caso. Ante cualquier duda, los centros de jardinería disponen de un servicio de asesoramiento que ayuda a solventar los problemas más comunes.

▶ FLORACIÓN ABUNDANTE. *Un síntoma de buena salud en las plantas es que ofrezcan una floración generosa.*

▲ DOSIS DE RIEGO. *El aporte de agua ha de ser ajustado a cada especie, ya que muchas de ellas perecen más por exceso que por defecto.*

MANTENIMIENTO Y CUIDADOS

E N COMPARACIÓN CON UN JARDÍN CONVENCIONAL, ESTOS JARDINES DISFRUTAN DE LA VENTAJA DE TENER UNAS LABORES DE MANTENIMIENTO BASTANTE REDUCIDAS, YA QUE ENTRE OTRAS COSAS NO CUENTAN CON GRANDES PRADERAS, LOS REQUERIMIENTOS DE RIEGO ESTÁN AJUSTADOS AL MÁXIMO, INCLUYEN ESPECIES AUTÓCTONAS Y, ADEMÁS, LOS ÁRIDOS Y LAS ARENAS MANTIENEN UN ASPECTO CUIDADO A LO LARGO DEL TIEMPO.

SIN ESFUERZO

Repasando las características generales de estos jardines, la primera diferencia que se encuentra con respecto a los jardines convencionales es que, en lo que se refiere al mantenimiento, las labores quedan sumamente reducidas sin que por ello desmerezca el aspecto general, que resulta más fácil de conservar. Uno de los primeros factores a su favor es que no incluyen grandes praderas de césped, por un motivo elemental de ahorro de agua, a pesar de que sí es frecuente ver algunas zonas en las que se combinan, siempre por supuesto especies resistentes y con menores requerimientos de riego, con gravas, bolos o rocas. La primera medida que hay que tomar con objeto de que cada zona proyectada en la que no crezca césped se preserve en su estado original es la instalación de una malla antigerminante, que evitará la aparición de malas hierbas y la correspondiente labor de escardado. Si no se toma esta precaución, al cabo del tiempo irán creciendo entre los distintos elementos, y resultará prácticamente imposible eliminarlas, de modo que el jardín tendrá un aspecto descuidado. Se desaconseja

ABONADO CORRECTO.
La belleza de las flores es un reflejo de un abonado en la época y la cantidad precisa.

GRANDES MACETONES.
Es preciso vigilar que el sustrato de las plantas que se desarrollan en macetas o macetones no acuse agotamiento.

PLANTAS TAPIZANTES.
Los suelos cubiertos por estas especies aparecen adornados con vistosos colores.

por completo la adición de elementos químicos para este cometido debido a la contaminación del terreno y el daño al entorno. La separación entre los distintos elementos que forman estas composiciones cobra gran importancia, pues se trata de mantener a lo largo del tiempo la concepción primigenia de todo el proyecto, sin permitir que unas zonas invadan las cercanas. Esto resulta más visual si, por ejemplo, se piensa en un espacio con gravas que tenga al lado otro de arenas o albero. Si no se delimitan bien, terminarán entremezclándose, en cuyo caso el mantenimiento sí que resultará laborioso. Para separar las zonas se emplean listones de madera, chapas metálicas, etcétera, convenientemente tratados para soportar los efectos de la intemperie. Sin embargo, este problema no se presenta cuando se realizan recreaciones con gravas, normales o volcánicas, de distintos colores, pues su propio peso y el que no se ubiquen en lugares de paso hacen que permanezcan intactas por más tiempo. Lo mismo sucede cuando se decide cubrir el terreno o parte de él, por ejemplo, con cortezas de árboles alrededor de determinados ejemplares, ya que tampoco van a precisar ninguna atención especial. La sencilla distribución de todos estos elementos no presenta ninguna dificultad, la única medida que hay que tomar cuando se trate de intercalar rocas o piedras de gran tamaño es procurarles un buen asentamiento, de modo que no se produzcan corrimientos de tierra o movimientos eventuales que pudieran generar algún percance. Todos estos componentes brindan infinidad de posibilidades creativas, en las que suelen primar los dibujos geométricos, y permiten realizar distintos trazados dependiendo de cómo se realice un simple rastrillado. Además, los diferentes tonos en que se encuentran muchos de ellos posibilitan contrastes de gran belleza paisajística, donde las plantas

FLORES MARCHITAS. *La eliminación de las flores marchitas propicia la aparición de nuevos brotes.*

ROSALES. *Sus flores crean un manto que adorna de forma impactante fachadas y muros a lo largo de varios meses.*

◀ FRUTALES. *La benignidad del clima y un buen sistema de riego por goteo posibilitan la inclusión de árboles frutales en los jardines.*

encuentran un realce especial. En lo que atañe al sistema de riego, el mantenimiento ha de centrarse en una comprobación de que todos los goteros estén funcionando correctamente y en su adecuada ubicación, para que el agua penetre en la tierra en un lugar equidistante de las raíces y se reparta de forma equilibrada, en que los diferentes tubos distribuidores no presenten daños o fisuras por los que puedan sufrir pérdidas, y en la protección del programador de cara al invierno, con el fin de que no sufra ningún desperfecto, y teniendo la precaución de cambiar las pilas o recargar la batería periódicamente de modo que el proceso no se interrumpa, con el consiguiente perjuicio para las plantas. El césped tendrá su cuidado habitual de abonado y siega, nada laborioso puesto que serán espacios pequeños y, como ya se comentó, será preferible mantenerlo algo crecido pues se hace más resistente y requiere menos agua. El resto de la superficie, adornada con gravas, pizarras, arenas, rocas o bolos, no va a precisar ningún cuidado adicional, pues su limpieza quedará cubierta con las lluvias ocasionales que, además, le otorgarán un aspecto muy atractivo. Si se ha optado por la incorporación de plantas autóctonas, va a observarse que su desarrollo no presenta complicaciones y que muestran una mayor resistencia a las enfermedades debido a su aclimatación. En cuanto al resto de especies que conformen el jardín, los cuidados serán específicos según los requerimientos de cada una de ellas,

◀ BELLEZA FLORAL. *Especies como* Zinnia *sp., con mínimos requerimientos de riego, permiten disfrutar de la belleza de alegres flores.*

PLANTACIONES COMPACTAS. *Hay que tener en cuenta el desarrollo de los ejemplares para asegurarles su espacio y distinguir bien los portes.*

RIEGO POR GOTEO. *Este sistema es uno de los más aconsejables de cara al aprovechamiento del caudal de agua.*

PRESENCIA IMPRESCINDIBLE. *El rosal, en cualquiera de sus variedades, es una de las plantas que no puede faltar en el jardín.*

dando prioridad en muchos casos a su porte natural, sin podas, que hacen que las plantas demanden mayor cantidad de agua. La floración es una época de gran belleza en este entorno, y para preservarla de modo atrayente sólo hay que retirar las flores marchitas y las partes envejecidas, lo que favorece la aparición de nuevos brotes. Si se observa el desarraigo de alguna especie determinada debe procederse a su pronta retirada. También conviene revisar los diversos acolchados orgánicos, sobre todo los de poca consistencia y fácil asimilación al terreno con el paso del tiempo, reponiéndolos cuando sea necesario. Las plantas ubicadas en macetas y jardineras deben revisarse por si necesitan renovar el sustrato o bien ser trasplantadas a un contenedor algo mayor. Si se han seguido con rigor los principios de la jardinería xerofítica no tienen por qué precisarse mayores labores de mantenimiento.

A CONSIDERAR

§ El aumento de la temperatura, al igual que la floración, provoca una mayor necesidad de agua en las plantas, sobre todo de aquellas que crecen a pleno sol.

§ El suelo ha de permanecer bien aireado y limpio de restos vegetales para evitar podredumbres.

§ La eliminación de partes marchitas o rotas redunda en la salud de los ejemplares y mejora su estética.

§ Retirar las flores marchitas favorece la proliferación de nuevos brotes.

§ La supresión de las malas hierbas potencia el desarrollo de las plantas y elimina la competencia ante la demanda de agua.

COMBINACIONES SUGERENTES

LA PERSONALIDAD DE UN JARDÍN SE CONSIGUE CON LOS DETALLES QUE INTERVIENEN EN SU DISEÑO, EN EL QUE PRIMAN, CÓMO NO, LOS EJEMPLARES QUE VAN A DESARROLLARSE EN ÉL, A LOS CUALES HAY QUE OFRECER LAS CONDICIONES ÓPTIMAS. A PARTIR DE AQUÍ, EL RESTO ES CREATIVIDAD E INGENIO, UTILIZANDO LA BELLEZA DE LAS PLANTAS Y DEL ENTORNO DE CARA A SACARLE EL MAYOR PROVECHO POSIBLE.

EN BUSCA DE LA ARMONÍA

Para que un jardín pueda considerarse que está totalmente «hecho» necesita el paso de algunos años, motivo por el que su planificación ha de contemplarse con la debida previsión. Considerar el porte de los ejemplares, el tamaño que van a alcanzar, las épocas de floración y sus colores hace que se consigan efectos paisajísticos muy sugerentes, que al ir evolucionando con el tiempo alcanzarán su máximo esplendor. Después de respetar las prioridades básicas derivadas de la composición y la calidad del suelo, de la orientación del jardín, y tras haber establecido un eficaz sistema de riego que posibilite un gasto de agua limitado, es el momento de elegir entre las múltiples posibilidades que figuran al alcance. Una norma que conviene respetar es no efectuar plantaciones muy densas, pues, aparte de que unas plantas pueden interferir el crecimiento de las otras, no podrán contemplarse bien. En la selección de las plantas que van a crecer en la superficie ajardinada influyen de forma decisiva las flores, los frutos y el follaje con los que impregnarán en mayor o menor medida las distintas zonas habilitadas para el cultivo. A ello se le añaden los muy diferentes matices de verde, visibles en general en todas las plantas y de una manera muy concreta en los arbustos. Aquí intervienen los gustos y la creatividad de cada uno, pues resulta posible optar por alternativas coloristas, sin un predominio definido de unos tonos sobre otros, o bien por gamas

LÁMINA DE AGUA

El relajante sonido del agua puede entrar a formar parte del jardín con la instalación de una fuente que, por medio de un circuito cerrado, haga transcurrir el caudal a modo de cascada para finalmente depositarlo en una pequeña lámina de agua. Los diferentes diseños con rocas, en los que se emplean elementos metálicos o, simplemente, utilizando un cántaro, hacen posible disfrutar de un reducto de paz en el jardín.

▷ SOLUCIONES PARA TODOS LOS ESPACIOS. *El lateral de una escalera y los desniveles son lugares idóneos para adornarlos con plantas.*

▷ UNA MISMA ESPECIE. *Jugar con la tonalidad de las flores, incluso de una misma especie, ofrece plantaciones muy atrayentes.*

BORDES ORNAMENTALES. *Los límites que forman las tierras de albero constituyen un lugar excelente para ubicar las plantas de temporada.*

DECORACIÓN Y NATURALIDAD. *La belleza de las flores se presta de manera inigualable para conseguir composiciones naturales repletas de valor ornamental.*

CONTRASTE DE COLORES. *Tener en cuenta los tonos de las floraciones produce composiciones de gran efectismo.*

armónicas de colores, en cuyo caso existe la opción de realizar las combinaciones con especies diferentes o jugando con el colorido de una sola, o bien decantarse por espacios básicamente monocromáticos. Cuando se desea incluir árboles o ejemplares individuales que destaquen, es conveniente dejar espacio suficiente para que su visión no se vea obstaculizada, lo que hace desaconsejable la plantación de otras especies con altura; son idóneas en este caso las plantas de temporada para, por ejemplo, adornar los alcorques de los árboles. El inexorable paso de las estaciones a lo largo del año modifica la apariencia del jardín, hecho que hay que tener muy en cuenta para evitar, en la medida de lo posible, prolongados periodos de tiempo en los que prevalezca la ausencia de variedad cromática. De igual modo, debe buscarse el equilibrio de color con el entorno, ya se trate de los espacios construidos de la propia vivienda o incluso de otros accesorios propios del jardín, como por ejemplo, pérgolas, mobiliario, etcétera. La

apariencia de cada uno de los elementos vegetales que conforman el jardín participa en la composición, aportando no sólo el color sino también sus proporciones, forma y textura. Al igual que los diversos ingredientes que intervienen en una receta en gastronomía, han de estar equilibrados entre sí para ofrecer un conjunto perfecto. En una zona del jardín de reducidas dimensiones plantar un árbol de crecimiento rápido y gran tamaño no supondría una decisión acertada. Sin embargo, se crean interesantes armonías proyectando espacios donde alternen arbustos de forma redondeada con otros de porte columnar o cónico. La textura, en la mayoría de los casos, la facilitan las hojas con sus infinitas posibilidades, aunque a veces es también la presencia de la corteza del tronco de los árboles, los tallos o los frutos los que colaboran con su belleza al atractivo general del jardín. En cualquier caso, hay que contar con que la apariencia de un árbol o un arbusto joven va a sufrir modificaciones, por lo que conviene conocer su evolución antes de adjudicar un espacio concreto.

RECREACIONES PAISAJÍSTICAS

L AS DISTINTAS ALTERNATIVAS QUE BRINDA LA XEROJARDINERÍA PERMITEN RECREAR JARDINES SINGULARES EN LOS QUE PRIMA EL EQUILIBRIO, TANTO ESTÉTICO COMO EN LA SELECCIÓN Y LA UBICACIÓN DE LOS EJEMPLARES Y EN EL CORRECTO APROVECHAMIENTO DE LOS RECURSOS QUE SE EMPLEAN EN SU MANTENIMIENTO. TODOS ESTOS FACTORES, DEBIDAMENTE COMBINADOS, LOGRAN VERDADEROS REMANSOS DE PAZ.

AMBIENTES CARGADOS DE NATURALIDAD

Cuando se decide proyectar un jardín acorde a las directrices que marca la xerojardinería, el protagonismo principal, como es lógico, va a seguir recayendo en las distintas especies que lo conformen, primando su idoneidad y correcta ubicación. Ahora bien, en este caso concreto hace falta utilizar, aún más, la imaginación y hacerse una idea espacial de todo el conjunto, ya que la superficie del jardín va a albergar distintos elementos y no va a limitarse a mostrar una pradera uniforme que sirva de marco a todos los ejemplares.

Antes de iniciar el proyecto, hay que levantar un plano del terreno, con sus principales características, y delimitar de forma precisa las distintas zonas que piensan establecerse, contando con la instalación de malla antigerminante donde sea necesaria, y con un sistema eficaz de separación entre los diferentes sectores. A partir de aquí, la planificación es tan interesante como si se realizase un *collage,* pues además de las plantas intervienen las formas, los volúmenes y los colores de todos los materiales que van a estar presentes tapizando

el suelo y adornándolo con sus contrastes tonales. La atractiva combinación de todos estos elementos naturales permite recrear los más variados ambientes climáticos, desde uno montañoso hasta otro desértico, lo que favorece una singularidad algo más difícil de conseguir en los jardines convencionales. Se trata de una tarea que tiene la ventaja de ofrecer unos resultados que permanecen muchos años, por lo que el tiempo que se dedique en un principio será ampliamente recompensado.

◀ PLANTAS TAPIZANTES. *Las orzas y tinajas de grandes dimensiones cobran vida cuando acogen especies rastreras, cuyos tallos tapizantes descienden en armoniosas capas hasta el suelo.*

▶ LA BELLEZA DE LA PIEDRA. *En este ambiente predominan distintas clases de piedra, incluso acondicionadas como grandes macetones, enmarcadas con pizarra como si se tratara de un paspartú.*

DISEÑO CON ROCAS

LA INCORPORACIÓN DE ROCAS EN UN JARDÍN FIGURA ENTRE LOS RECURSOS PAISAJÍSTICOS MÁS HABITUALES, YA QUE CON POCOS ELEMENTOS SE CONSIGUEN COMPOSICIONES DE GRAN ATRACTIVO VISUAL Y CARGADAS DE NATURALIDAD. EL TAMAÑO Y LA CANTIDAD HA DE CALCULARSE EN FUNCIÓN DEL ESPACIO DISPONIBLE, YA QUE SI SE SOBREPASA, SE CORRE EL RIESGO DE QUE LA ZONA NO OFREZCA LA ARMONÍA QUE SE PRETENDÍA.

COMPOSICIÓN CON ROCAS Y TINAJAS

Este proyecto está concebido para ser instalado en una zona soleada, tal vez cerca de la entrada, y ofrecer una primera imagen del jardín, aunque también es posible ubicarlo en un patio amplio y abierto a la luz. Se parte de la idea de realizar una composición con rocas de distintos tamaños, no demasiado grandes, e incorporar unas tinajas de barro colocadas en diferentes posiciones, algunas medio recostadas sobre el suelo, de modo que otorguen aún mayor volumen al conjunto. El acertar con el tamaño de las piedras y su forma representa un avance importante, ya que son las que van a servir de elemento de sustento a las tinajas; por esta razón se debe comprobar que queden perfectamente asentadas sobre el terreno para evitar roturas. Conviene tener en cuenta que una colocación regular de cualquiera de estos dos componentes no resulta tan estética como la variedad en formas y tamaños, de modo que se pueden alternar tinajas con cántaros u otros recipientes atractivos para conseguir mayor diversidad. Lo que podría denominarse telón de fondo lo ocupa un ejemplar de *Bougainvillea* sp. (buganvilla), cuya duradera y espectacular floración va a estar presente durante muchos meses. Al tratarse de una trepadora, puede dirigirse su crecimiento para enmarcar la puerta de acceso a la vivienda, en cuyo caso habrá que efectuar labores de poda para impedir que sus ramas interfieran el paso, o bien para cubrir una pared o fachada, revistiéndola de su especial colorido. Para que destaque la parte posterior y a fin de dar color a media altura, se ha efectuado una plantación de *Lavandula* sp. (lavanda), que

resalta con las espigas verticales en su característico tono azulado y, al mismo tiempo, aromatiza el ambiente. Una de las tinajas se ha adaptado con un buen sistema de drenaje para que sirva de excepcional recipiente a un ejemplar de *Alyssum maritimum* (mastuerzo marítimo),

◁ FLORACIÓN DURADERA. *La buganvilla permite disfrutar de su espléndida floración durante varios meses.*

▽ GRANDES TINAJAS. *Intervienen en muchas composiciones paisajísticas por su dualidad, al ser ornamentales y prácticas para alojar ejemplares.*

◀ ESPLIEGO. *Su tonalidad azulada hace que esta aromática resalte sobremanera.*

que pende de su boca dejando reposar la floración en una de las rocas. El procedimiento más adecuado consiste en practicar uno o varios orificios con una broca en la tinaja, buscando el lugar más oportuno en la posición definitiva que va a ocupar, de modo que el agua de riego drene de forma natural sin provocar estancamiento. En el interior conviene disponer un trozo de malla plástica sobre los orificios realizados a fin de

que las raíces no los taponen con el tiempo. Sobre ella se reparte una base de grava o trozos de macetas, y se incorpora el sustrato más adecuado a la especie seleccionada, mezclado siempre con una parte de arena de río, con objeto de asegurar una buena aireación y un correcto drenaje.

Como es lógico, también pueden habilitarse las otras tinajas para que alberguen distintos ejemplares y aumentar la diversidad, aunque no conviene que este tipo de proyectos aparezcan sobrecargados. Ésta es una composición muy estética con pocos elementos, fácil de mantener y de resultados espléndidos.

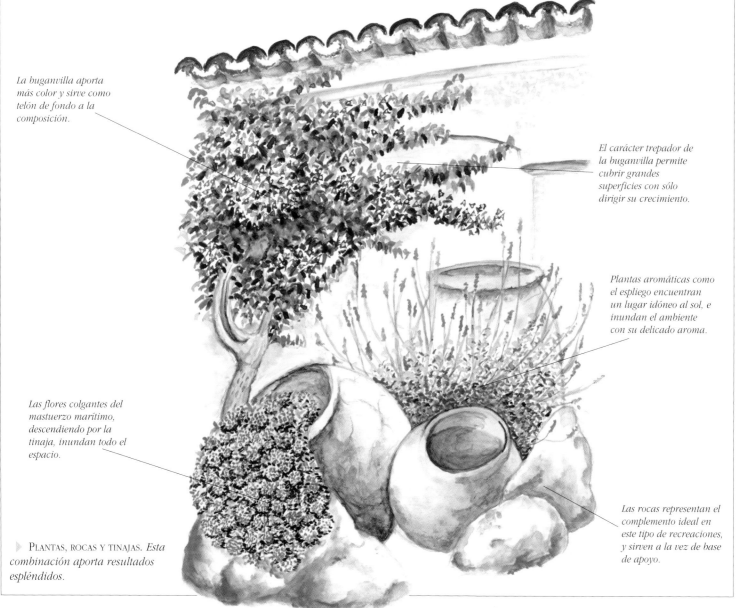

La buganvilla aporta más color y sirve como telón de fondo a la composición.

El carácter trepador de la buganvilla permite cubrir grandes superficies con sólo dirigir su crecimiento.

Plantas aromáticas como el espliego encuentran un lugar idóneo al sol, e inundan el ambiente con su delicado aroma.

Las flores colgantes del mastuerzo marítimo, descendiendo por la tinaja, inundan todo el espacio.

Las rocas representan el complemento ideal en este tipo de recreaciones, y sirven a la vez de base de apoyo.

▶ PLANTAS, ROCAS Y TINAJAS. *Esta combinación aporta resultados espléndidos.*

RINCÓN DE CACTUS

Eₙ LAS ESPECIES CACTÁCEAS ES POSIBLE HALLAR DESDE GRANDES EJEMPLARES HASTA ALGUNOS FRANCAMENTE PEQUEÑOS, LO QUE POSIBILITA SU INCLUSIÓN EN CUALQUIER JARDÍN, CON INDEPENDENCIA DE SUS DIMENSIONES. MUCHAS DE ELLAS, ADEMÁS, ENCUENTRAN UN LUGAR IDÓNEO PARA DESARROLLARSE DENTRO DEL HOGAR.

JUEGO DE FORMAS Y VOLÚMENES

Uno de los cultivos que se asocian automáticamente con requerimientos hídricos mínimos es el de la extensa familia de las plantas cactáceas, y no sin motivos. Generalizando, pues existen especies de sombra y semisombra, requieren posiciones soleadas y riegos esporádicos, ya que la transformación evolutiva que han sufrido a lo largo de los siglos les permite retener el agua, por poca que sea, en sus tejidos engrosados. Por otra parte, las labores de mantenimiento son muy reducidas, lo que las convierte en una alternativa a tener en cuenta, claro está, si la climatología del lugar así lo permite, pues normalmente precisan temperaturas suaves, que a ser posible no bajen en ningún caso de los 8 o 10 °C, por lo que quedan relegadas a espacios de interior o invernaderos en regiones de clima húmedo o continental. Un aspecto primordial en el cultivo de los cactus es el suelo, pues aunque no suelen resultar demasiado exigentes en términos generales, sí requieren un sistema de drenaje perfecto, ya que en caso de producirse encharcamientos de forma prolongada podrían originar serios problemas para su desarrollo, e incluso se podría perder el ejemplar. Cuando se decide cultivar una zona de cactus en el jardín, una de las primeras decisiones es la elección de los ejemplares, aspecto en el que goza de gran importancia el porte. En este caso, es posible encontrar

▷ PORTE GLOBOSO. *Las formas redondeadas son habituales en muchas especies.*

▷ HIJUELOS. *El crecimiento de hijuelos resulta frecuente en diversas especies, lo que facilita efectuar nuevas plantaciones.*

▷ PORTE COLUMNAR. *El porte erguido contribuye a dar una mayor relevancia a las composiciones.*

especies de muy distintos tamaños y portes, columnares o globosos; la mayoría se caracteriza por un lento crecimiento, que posibilita estructurar bien la ubicación desde el principio, teniendo siempre presente que, como cualquier otra planta, necesitan espacio suficiente para desarrollarse. Para el emplazamiento hay que escoger un lugar soleado y, con preferencia, que no sea de paso, pues sus convincentes elementos defensivos pueden ocasionar algún inconveniente. Uno de los objetivos de las composiciones realizadas con cactus es el de permitir que cada ejemplar pueda observarse a la perfección, a la vez que forma parte de un conjunto. En terrenos con cierta pendiente esto resulta bastante sencillo de lograr, pero en los llanos sólo hay que prestar un poco de cuidado al efectuar la composición; también existe la posibilidad de elevar de forma artificial, en todo o en parte, la superficie del jardín sobre la que van a desarrollarse. Como regla general, los ejemplares de porte columnar o mayor altura se sitúan en el fondo, como se ha hecho en este caso con *Opuntia* sp. (opuntia), para que no interfiera la visión del resto de las cactáceas y pueda observarse bien su espléndida floración. Siguiéndole en tamaño e inmediatamente delante, se han emplazado dos ejemplares de *Cephalocereus senilis* (cabeza se viejo), cuyo nombre común hace referencia a la blanca pilosidad que lo recubre y que hace que su parte superior se asemeje a una canosa melena. Al usar diferentes tamaños, se logra mayor vistosidad.

Descendiendo de nuevo en altura, el primer término de la composición se ha destinado a dos grandes ejemplares de *Echinocactus grusonii* (asiento de la suegra), con un jocoso nombre común fácil de entender si se observan los impresionantes pinchos que coronan sus siluetas.

Aparte de su porte espectacular, la floración de Opuntia *sp. (opuntia) resulta bellísima.*

Cephalocereus senilis (cabeza de viejo) aporta el porte columnar en la composición, equilibrándola.

El perfecto drenaje del suelo es uno de los requerimientos más importantes para el cultivo de estas especies.

Echinocactus grusonii (asiento de la suegra), con su inconfundible forma globosa, ocupa el primer término.

◀ COMPOSICIONES CON CACTÁCEAS. *Aparte del aspecto meramente estético, hay que considerar que el crecimiento de los ejemplares no interfiera la visión de ninguno de ellos.*

ELEGANTES PENACHOS

LA MERA CONTEMPLACIÓN DE LOS PENACHOS DE LAS PALMERAS, E INCLUSO DE AQUELLAS OTRAS ESPECIES QUE SIN SERLO TAMBIÉN LOS EXHIBEN, CONSIGUE TRANSPORTAR LA MENTE DE FORMA AUTOMÁTICA HACIA PARADISIACOS PAISAJES DE CLIMAS TROPICALES, BAÑADOS POR AGUAS CRISTALINAS. INCLUIR ESTAS ESPECIES EN EL JARDÍN ES TAMBIÉN UNA FORMA DE SOÑAR...

AMBIENTES EVOCADORES

El sol es un elemento asociado a este tipo de plantas, que suelen necesitar bastantes años para alcanzar su majestuoso porte. No se muestran en general exigentes con los requerimientos hídricos, a pesar de que les encanta la cercanía del mar, ni con los cuidados que hay que prestarles, pues prácticamente se limitan a la poda de hojas que envejecen y se secan, cuyas cicatrices van conformando la apariencia externa de sus atractivos troncos. La planificación de un jardín que incluya palmeras u otras especies de características morfológicas similares requiere el conocimiento del desarrollo del ejemplar en su etapa adulta, ya que debe calcularse tanto la altura como la anchura del penacho

con objeto de que su crecimiento no se vea limitado por ningún obstáculo. En consecuencia, no se recomienda plantarlas muy próximas a edificaciones porque, además, tampoco podría observarse bien su espléndida silueta. Una de las ventajas que ofrece la plantación de estas especies es que puede planificarse tanto en solitario como en grupo; es habitual en este último caso la incorporación de diferentes géneros y portes. En la composición que sirve de referencia se ha optado por establecer una zona de césped, claramente delimitada por unas piedras irregulares de diferente tamaño que la bordean, ubicada por los motivos antes expuestos en un lugar algo alejado de las casas. Otra

posibilidad muy atractiva consiste en sustituir el césped por grava volcánica, arenas de colores u otros áridos ornamentales, lo que reduce de forma considerable el consumo de agua y permite mantener durante mucho tiempo el aspecto impecable del terreno con mínimos esfuerzos. El punto que acapara el máximo protagonismo y eje central del proyecto es un ejemplar adulto de *Phoenix canariensis* (palmera de Canarias), palmera autóctona de esas maravillosas islas. Como datos orientativos, cabe señalar que las hojas de su poblado penacho pueden alcanzar unos 5 m, y que se trata de una especie que, aunque prefiere los ambientes soleados y calurosos, tiene la facultad de resistir las heladas y el

◀ CYCAS SP. *La majestuosidad de su porte destaca en cualquier ambiente.*

▼ ESPLÉNDIDAS SILUETAS. *Las palmeras ofrecen siluetas de gran valor ornamental.*

frío. Pasado el estío, tras la floración muestra en largos racimos sus frutos amarillo granates, aportando una bella nota de color. Para potenciar el ambiente de palmeras, en el proyecto se ha incorporado un ejemplar de *Cycas* sp. (cica) que, a pesar de tratarse de un género de plantas perteneciente a la familia de las cicadáceas, mantiene rasgos morfológicos muy similares a los de las palmeras. Una de sus características principales, con independencia de su belleza, radica en su lento crecimiento, lo que hace que sea frecuente verla cultivada también en maceta, donde se desarrolla sin problemas. Un complemento idóneo y también habitual en estas recreaciones lo constituye *Agave* sp. (agave), perteneciente a la familia de las agaváceas, que con su roseta de hojas puntiagudas sirve de contrapunto a la uniformidad que muestran los penachos de las otras especies, consiguiéndose así distintos volúmenes. Además, aumenta la riqueza cromática de los distintos verdes, con su inconfundible tono grisáceo plateado.

🔺 *AGAVE* SP. *Las agaváceas combinan a la perfección en composiciones con palmeras y cactus.*

El espectacular penacho de hojas de Phoenix canariensis *(palmera de Canarias) transmite una elegancia especial.*

A pesar de su aspecto de palmera, Cycas *sp. (cica) no pertenece a la familia de las palmas.*

El cerramiento de la composición incluye distintas piedras que rodean todo el perímetro.

Las hojas de Agave *sp. (agave), con su característico tono grisáceo, se asemejan a una escultura.*

◀ ESCULTURAS VIVIENTES. *Jugar con los diferentes portes de las especies permite conseguir recreaciones impactantes.*

TALUD COLORISTA

UNA DE LAS VENTAJAS QUE OFRECEN LOS TALUDES ES QUE SU PENDIENTE POSIBILITA SITUAR DISTINTAS ESPECIES, PERMITIENDO UNA VISIÓN PERFECTA DE TODAS ELLAS. SON ESPACIOS IDEALES PARA INCLUIR ROCAS DE DIFERENTES TAMAÑOS EN LUGARES ESTRATÉGICOS, LO QUE INCREMENTA EL VALOR PAISAJÍSTICO A LA VEZ QUE OFRECE UN ADECUADO SUSTENTO A TODAS LAS PLANTAS QUE CRECEN EN LA ZONA.

UN LUGAR PRIVILEGIADO

Son tantas las posibilidades estéticas que ofrecen los taludes, que cada vez es más frecuente ver verdaderas recreaciones paisajísticas en estos entornos. Si existe cierto grado de pendiente, conviene suavizarla si es demasiado acusada o bien optar por la técnica de cultivo en terrazas; esto posibilita la observación de todos y cada uno de los ejemplares desde la base, y permite establecer distintos niveles de alturas con la ayuda del terreno. Estos espacios se prestan a la inclusión de rocas y piedras de diferentes tamaños, tanto desde el punto de vista estrictamente ornamental como desde una perspectiva práctica, puesto que su presencia mantendrá la superficie asentada y evitará alteraciones del terreno. También se puede construir una escalinata que ascienda rodeada de vegetación exuberante, con una base de hormigón y ladrillos que mantenga asegurada la estructura, en previsión de fuertes aguaceros y posibles corrimientos de tierra. Si se cuenta con suficiente espacio en el jardín, es posible montar un talud de forma artificial. Así, se crea una pequeña colina en el lugar deseado, elevando el terreno, y luego se incorporan rocas de diversos tamaños, con la intención de darle un aire lo más natural posible. Siempre es preferible emplear las de constitución resistente y apariencia interesante, para que los efectos propios de la intemperie, como la lluvia o las heladas, no las resquebrajen. Su ubicación debe permitir de forma holgada la posterior plantación de las especies elegidas, así como el acceso más o menos cómodo de una persona

para realizar las labores propias de mantenimiento. Lo deseable es aprovechar el proyecto en sus inicios para dejar instaladas las tuberías y tubos difusores del riego por goteo, más difícil de realizar una vez plantados los ejemplares. También resulta de gran impacto visual canalizar un riachuelo artificial, que brote como un manantial natural de la parte más elevada de la colina y discurra por la ladera hasta llegar a la planicie, para ser bombeado de nuevo al punto de partida en un circuito sin fin. En la composición que sirve de ejemplo se

han diseminado algunas rocas por el terreno. Algunas se han emplazado en primer término para que sobre ellas cuelguen los tallos de unos ejemplares de *Lampranthus* sp. (uña de gato), tapizante de pequeñas pero atractivas flores. En el plano inmediatamente posterior se ha situado un ejemplar de *Callistemon* sp. (calistemo), cuyos rojos estambres con su curiosa forma acaparan gran parte de la atención. El porte algo desgarbado de este arbusto, con sus aparentemente frágiles ramas, sirve de contrapunto a la imponente silueta de *Yucca* sp. (yuca) que está

◀ *APTENIA* SP. *Su gran poder tapizante permite cubrir extensas superficies.*

▼ *CALLISTEMON* SP. *El principal atractivo de este arbusto son sus alargados estambres de color rojo.*

FLORACIÓN DE LOS ARBUSTOS. *Estos espacios adquieren toda su belleza con la floración.*

ALTERNANCIA TONAL. *El colorido de las especies desempeña un papel importante.*

Un grupo de Yucca sp. (yuca) de distintas alturas conforma el fondo de la composición.

El penacho de las yucas contrasta con las formas más irregulares del calistemo.

situada justo detrás y al fondo. En este caso, es preferible plantar varios ejemplares, calculando, eso sí, el volumen de su penacho, y también elegirlos en fases de crecimiento diferentes, con objeto de que la composición muestre mayor naturalidad. Las especies seleccionadas demandan posiciones soleadas, por lo que será perfecto si la ladera presenta una orientación sur. Además, no ofrecen grandes requerimientos hídricos, por lo que resultan idóneas para un jardín proyectado en base al ahorro de agua. Por contra, las tres especies se muestran sensibles al frío intenso y a las heladas reiteradas. No obstante, la ladera crea una barrera natural, capaz de detener los vientos fríos del norte, preservando a los cultivos de los episodios más crudos del invierno.

Callistemon sp. (calistemo) adquiere su máxima belleza cuando brotan sus rojos estambres.

La presencia de rocas contribuye a sustentar el terreno, ofreciendo un aspecto más natural.

Lampranthus sp. (uña de gato) es una planta tapizante que se cuaja de pequeñas pero muy atractivas flores.

TALUDES. *Los terrenos situados en taludes permiten una distribución de las plantas muy visual.*

El árbol como protagonista

La incorporación de árboles en el jardín requiere, en principio, una correcta selección de la especie, acorde al clima imperante en la zona y sus características, pero también resulta imprescindible ubicarlos en el lugar adecuado, ya que en este caso se trata de un cultivo que permanecerá a lo largo de los años en el mismo emplazamiento.

Presencia señorial

Existen tantos motivos para plantar árboles en un jardín que sería muy difícil enumerarlos, pero dejando de lado el posible aprovechamiento de su producción, como podría ser el caso de los frutales, y ciñéndonos al aspecto ornamental, los principales rasgos en los que hay que fijarse son si tienen hojas perennes o caducas, si resultan indicados para proyectar sombra, en caso de que sea esto lo que se pretenda, la velocidad de crecimiento y, por supuesto, su porte. Existe un gran número de árboles con mínimos requerimientos hídricos, entre los que se pueden encontrar diversas variedades de acacias, cercis, eucaliptos, ficus o tarays, por poner sólo algunos ejemplos que muestran la diversidad de géneros. En general, las exigencias de agua en los árboles son escasas, y no digamos ya si se trata de especies autóctonas. Por otra parte, al procurar sombra, en sus proximidades pueden cultivarse especies que prefieran vivir protegidas del sol. La elección de una ubicación correcta es algo que está íntimamente ligado al desarrollo de cualquier especie, pero cuando se trata de árboles cobra aún más importancia, ya que son ejemplares que van a permanecer en el mismo sitio durante muchos años, lo que significa que hay que prever su tamaño en la edad adulta y el

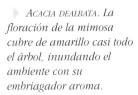

Olea europaea. Esta especie centenaria, el olivo, se ha convertido por méritos propios en un árbol ornamental habitual en muchos jardines.

Acacia dealbata. La floración de la mimosa cubre de amarillo casi todo el árbol, inundando el ambiente con su embriagador aroma.

▶ PROTAGONISTA INDISCUTIBLE. *La calculada sencillez del olivo hace que destaque aún más, favoreciendo su contemplación desde todos los ángulos.*

desarrollo de su copa, fundamental para que nada interfiera en su evolución. Se hace hincapié en estos factores porque muchas especies no toleran bien los trasplantes, eso sin contar con que dependiendo del volumen que hayan alcanzado puede resultar una tarea algo complicada. El espacio disponible en el jardín es el que va a marcar si puede plantarse un grupo de árboles o bien hay que limitarse a situar ejemplares de forma individual, respetando siempre de forma escrupulosa las distancias de plantación de cada género. Teniendo en cuenta que un árbol ya representa por sí mismo un centro de atención, lo que se ha hecho en esta recreación es potenciarlo aún más. Todo gira en torno a un único ejemplar de *Olea europaea* (olivo), ya adulto, que crece en el centro de un círculo, con su copa revestida por sus inconfundibles hojas de tono verde plateado. Para que destaque con mayor fuerza su tronco, esculpido por los años, la superficie de la base está cubierta por grava volcánica gris oscuro, aunque también pueden emplearse arenas de colores, para que hagan contraste. Ese mismo efecto se ha potenciado también por medio de unos bolos de tono claro que bordean toda la composición, delimitando la zona. La nota de color queda a cargo de varias matas de *Calceolaria* sp. (calceolaria) que crecen en los bordes interiores. No sólo se han elegido por su vivo color amarillo con manchas naranjas, sino también porque su porte, al ser poco elevado, no impide en ningún momento la visión del espléndido tronco.

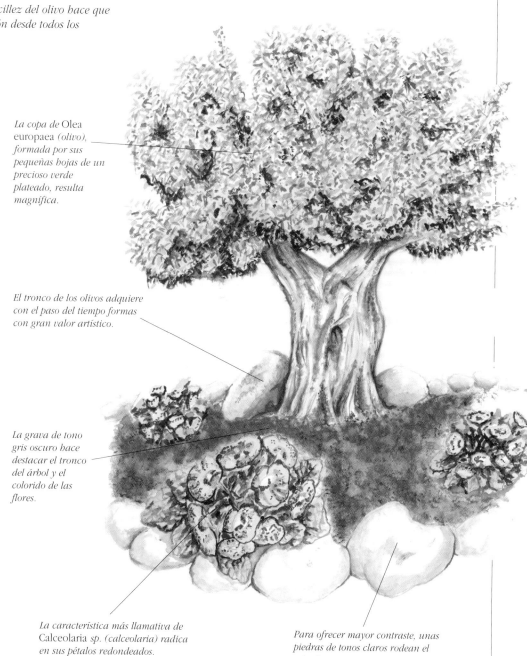

La copa de Olea europaea *(olivo), formada por sus pequeñas hojas de un precioso verde plateado, resulta magnífica.*

El tronco de los olivos adquiere con el paso del tiempo formas con gran valor artístico.

La grava de tono gris oscuro hace destacar el tronco del árbol y el colorido de las flores.

La característica más llamativa de Calceolaria *sp. (calceolaria) radica en sus pétalos redondeados.*

Para ofrecer mayor contraste, unas piedras de tonos claros rodean el espacio.

◀ BASES FLORIDAS. *Para potenciar el atractivo del jardín, pueden situarse a los pies de los árboles pequeños parterres florales.*

PRESENCIA FLORAL

C UANDO SE PRODUCE LA FLORACIÓN, UNA EXPLOSIÓN DE COLOR INUNDA EL JARDÍN, REVISTIENDO A LOS EJEMPLARES CON SUS MEJORES GALAS. SIMPLEMENTE CON UNA EQUILIBRADA COMBINACIÓN DE TODOS LOS TONOS QUE BRINDA LA NATURALEZA ES POSIBLE REALIZAR MAGNÍFICAS COMPOSICIONES QUE, DEPENDIENDO DE LAS ESPECIES ELEGIDAS, PUEDEN RESULTAR BASTANTE DURADERAS.

ESPACIOS LLENOS DE COLOR

La presencia de flores en un jardín es algo que se da por descontado, pues resulta una de las formas más efectivas de conseguir una ornamentación singular, en la que la floración añade el punto de color con las distintas tonalidades de las diferentes especies, que contrastan con los variados matices de verdes que brinda la naturaleza. En xerojardinería, como es lógico, suelen elegirse plantas con requerimientos hídricos mínimos, ya que lo que prima es el ahorro en el consumo del agua. No obstante, hay que considerar que en el gasto global de un jardín, siempre y cuando cuente con un correcto sistema de riego, con preferencia por goteo, el disponer de algunos ejemplares que precisen un poco más de agua no va a causar ningún despilfarro, ya que la concepción del jardín en su conjunto contempla tal posibilidad. No obstante, se pueden encontrar especies austeras en cuanto a necesidades hídricas entre herbáceas anuales o bianuales, como *Alcea rosea* (malva), *Calendula* sp. (caléndula), *Matthiola* sp. (alhelí) o *Verbena* sp. (verbena), entre otras, o perennes de atractiva floración como *Acanthus* sp. (acanto), *Achillea* sp. (aquilea), *Papaver* sp. (amapola) o *Rudbeckia* sp. (rudbequia). Las denominadas plantas de roca añaden a la escasa demanda de agua su demostrada resistencia, en general, a los factores climáticos adversos. Especies dentro de los géneros *Helianthemum* sp. (heliantemo), *Linum* sp. (lino) o *Tanacetum* sp. (tanaceto), por citar tan sólo algunos ejemplos, son muy apreciadas en jardinería por todas estas características. En esta ocasión, la intención es la de otorgar un entorno más luminoso a una escalera, plantando distintas especies a ambos lados de ésta. El propio terreno, con algunas rocas diseminadas en distintas

▷ GAMA DE COLOR. *Las distintas variedades de crisantemo ofrecen una amplia gama de color, lo que permite infinitas combinaciones.*

▲ FLORACIÓN DURADERA. *Una de las ventajas de los geranios es su prolongada floración.*

▲ ROSA SP. *Para muchos la flor por excelencia, las distintas variedades de rosa constituyen un elemento imprescindible en los jardines.*

zonas, ya ha dado pie a concebirla también en piedra, con unos amplios escalones y no demasiado altos, resaltando así su aspecto rústico y natural con objeto de que se integre por completo en el paisaje. De cara a conseguir este propósito, ayuda mucho elegir una piedra de la zona, similar a la que se encuentra en el resto del jardín. Al fondo de la escalera, en su parte derecha, se han plantado varios ejemplares de *Pelargonium* sp. (geranio) en diferentes colores para que destaquen sensiblemente, no ya sólo por el color sino por el porte, de una tupida plantación de *Coreopsis* sp. (coreopsis), situada justo a continuación, que inunda toda la zona con sus flores amarillas. El otro lado de la escalera lo ocupan varias matas de *Gazania* sp. (gazania), que con sus preciosas flores tipo margarita confieren un aire espontáneo al ambiente. Todas estas

GAZANIA SP. *Una de sus peculiaridades es que sus hermosas flores sólo se abren si reciben los rayos solares.*

plantas requieren posiciones soleadas, factor que resulta imprescindible para poder contemplar la belleza de las flores de las gazanias, pues si no reciben los rayos solares no se abren.

Estas especies también están hermanadas en sus requerimientos hídricos, que se muestran bastante ajustados y no plantean un consumo excesivo.

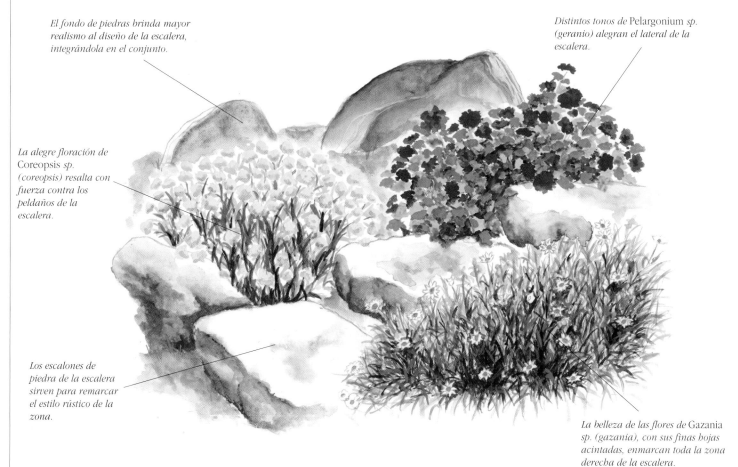

El fondo de piedras brinda mayor realismo al diseño de la escalera, integrándola en el conjunto.

Distintos tonos de Pelargonium *sp. (geranio) alegran el lateral de la escalera.*

La alegre floración de Coreopsis *sp. (coreopsis) resalta con fuerza contra los peldaños de la escalera.*

Los escalones de piedra de la escalera sirven para remarcar el estilo rústico de la zona.

La belleza de las flores de Gazania *sp. (gazania), con sus finas hojas acintadas, enmarcan toda la zona derecha de la escalera.*

ESCALERAS. *Situadas en los jardines, representan lugares idóneos para efectuar distintas plantaciones en sus bordes.*

CUIDADOS Y LABORES

L AS DISTINTAS TAREAS DE MANTENIMIENTO SON ALGO HABITUAL EN CUALQUIER JARDÍN, PUES NO HAY QUE OLVIDAR QUE LAS PLANTAS SON SERES VIVOS Y ACUSAN TANTO LAS CARENCIAS COMO LOS EXCESOS. AHORA BIEN, CONVIENE TENER PRESENTE QUE EN LOS JARDINES ORIENTADOS HACIA LA XEROJARDINERÍA, POR SUS CARACTERÍSTICAS INHERENTES, ESTE ASPECTO SE REDUCE CONSIDERABLEMENTE.

MÁS TIEMPO LIBRE PARA DISFRUTAR DEL JARDÍN

La buena salud de las plantas es el primer objetivo de cualquier amante de la jardinería, y eso se consigue con cuidados específicos para cada especie y ejerciendo una observación periódica de los ejemplares. Si se comparan las labores habituales de un jardín xerofítico con las de uno convencional, enseguida aparecen bastantes diferencias, marcadas de forma sensible por el recubrimiento del terreno. Al tener gran parte de la superficie tapizada con gravas, arenas, piedras, etcétera, su mantenimiento resulta prácticamente inexistente, pues los diseños permanecen inalterados. Las superficies dedicadas al césped suelen ser bastante reducidas, por lo que la siega no llega a convertirse en algo que tome demasiado tiempo y el césped más crecido demanda menos agua. Por otra parte, el sistema de riego está racionalizado y concebido para aportar las cantidades precisas, ya que está programado según las necesidades, motivo por el que tampoco requiere una dedicación especial, salvo comprobar los tubos difusores y goteros de vez en cuando para evitar posibles pérdidas. En cuanto a las labores de poda, también son algo reducidas en estos jardines, ya que hacen que se eleve el consumo de agua. Con respecto a las enfermedades y plagas, se muestran más protegidos, en parte por la presencia de plantas autóctonas y también por una menor densidad de plantación. Por lo demás, la retirada de ramas estropeadas o rotas, la de las flores marchitas, el abonado y, según los casos, la protección del terreno son prácticas habituales y sencillas de llevar a cabo.

◀ ESPECTACULAR FLORACIÓN. *Con independencia de que la floración del hibisco resulte desbordante, la buena salud del ejemplar queda patente en sus magníficas flores.*

▶ DIFERENTES CUIDADOS. *Cada especie requiere unos cuidados específicos, que deben respetarse para favorecer su desarrollo.*

EL RIEGO

UNO DE LOS ASPECTOS MÁS IMPORTANTES EN UN JARDÍN ES CONTAR CON UNA INSTALACIÓN DE RIEGO QUE PERMITA CUBRIR LAS NECESIDADES DE CADA ESPECIE, SIN CAUSAR EL DESPERDICIO DE UNA SOLA GOTA DE AGUA. EL RIEGO POR GOTEO CUMPLE ESTE REQUISITO SOBRADAMENTE, HACIENDO LLEGAR LA CANTIDAD EXACTA HASTA LAS RAÍCES DE LA PLANTA Y SIN CAUSAR ENCHARCAMIENTOS.

AHORRO DE AGUA EN EL JARDÍN

En el consumo de agua de un jardín no intervienen sólo las especies que lo conforman, sino, y de forma significativa, la manera en que se efectúa el riego de éstas. Una regla de oro es suministrar el agua al anochecer o bien a primeras horas de la mañana, con objeto de que no se produzca una evaporación que haría desperdiciar gran parte del caudal, sin que pudieran aprovecharlo las plantas. Comenzando por el sistema tradicional de utilizar regadera, conviene señalar que, con la alcachofa incorporada, permite dosificar con más facilidad el agua según las necesidades de cada ejemplar y, al mismo tiempo, al caer con efecto lluvia, evita que se levante la superficie del terreno y deje a la vista el sistema radicular. Se usa principalmente cuando son pocos especímenes o bien en casos de plantas aisladas del resto o ubicadas en macetas, pues en caso de grandes superficies resulta algo incómodo y muy lento. El sistema de riego manual con manguera es a todas luces impreciso y se tiende a descargar mayor cantidad de agua de la que necesitan las plantas, por lo que se producen encharcamientos con relativa facilidad. Por otra parte, los ajustes de ésta al grifo en un extremo y a la boquilla de salida en el otro y a menudo se sueltan con el uso, dando lugar a importantes pérdidas. Tampoco es aconsejable, y más que beneficiar perjudica, mojar las flores,

RIEGO POR GOTEO. *Es el sistema óptimo para minimizar el gasto de agua, ya que se pueden regular los goteros según las necesidades de cada especie concreta o realizar perforaciones directamente sobre la red de tuberías.*

LANTANA SP. *Esta especie se conforma con riegos moderados y ofrece una floración bastante duradera.*

CÓMO SE HACE: MONTAJE DE UN DEPÓSITO DE AGUAS PLUVIALES

1 ORIFICIO DE SALIDA. El depósito, en su parte inferior, presenta un orificio de salida para el agua.

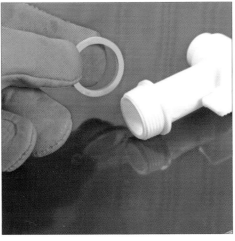

2 JUNTA DE ENSAMBLAJE. El grifo se enrosca en el orificio de salida, poniéndole una junta de goma para que asiente.

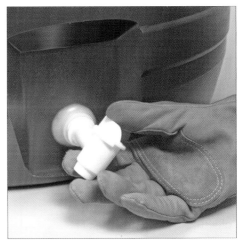

3 MONTAJE DEL GRIFO. Se introduce en el orificio y se enrosca, hasta dejarlo en la posición adecuada.

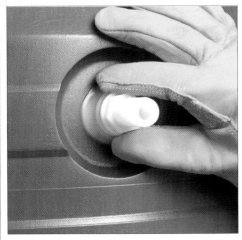

4 ORIFICIO DE DESAGUADO. En la zona alta del depósito se encuentra un orificio para el desaguado del excedente, al que se acopla una boquilla.

5 ADAPTACIÓN DE LA GOMA DE DESAGÜE. A dicha boquilla se le ajusta un tramo de tubo de plástico para que el desaguado se produzca a la distancia deseada.

6 ENTRADA DE AGUAS PLUVIALES. La tapa del depósito, colocada del revés sobre éste, recibe las aguas procedentes del canalón de la casa.

7 FILTRO. En el centro de la tapa del depósito hay una zona troquelada en la que encaja el filtro circular.

8 ACOPLAMIENTO. El filtro ha de estar bien asentado para cumplir correctamente su función específica.

9 AHORRO SOLIDARIO. Este depósito almacena reservas de agua suficientes para regar el jardín en tiempos de sequía.

CÓMO SE HACE: RIEGO POR GOTEO

1 INICIO DE TRAMO. Antes de empezar a tender la línea de riego, debe conocerse con seguridad por dónde va a discurrir.

2 UNIÓN DE TUBERÍAS. En caso de que el tendido resulte corto, pueden empalmarse las tuberías entre sí con una pieza de acople.

3 PIEZA EN FORMA DE «T». Permite conectar las tuberías, ofreciendo así una nueva salida perpendicular.

4 PERFORACIÓN PARA EL TUBO DIFUSOR. Basta con perforar la tubería con un punzón y montar el tubo difusor.

5 SUJECIÓN. Para evitar desplazamientos, conviene asegurar el tendido de tuberías con grapas metálicas o cualquier otro sistema.

6 CONFIRMACIÓN. Antes de verificar el correcto funcionamiento de la instalación, hay que comprobar el estado de cada salida.

hojas o tallos de los ejemplares de manera reiterada. Aparte de una pérdida de tiempo y un desperdicio de agua, puede malograrse la floración y originar podredumbre así como otras enfermedades. Basta con empapar un poco la tierra que rodea cada planta para evitar erosionarla con la presión. En este sentido, es preferible, si el modelo de pistola de riego lo permite, emplear la salida de efecto lluvia. Los árboles de más de dos años, en general, precisan muy pocos riegos, pues sus raíces ampliamente extendidas los aprovechan al máximo. Por ello, hay que tener cuidado con determinadas especies plantadas junto a una pradera, ya que siempre acaban recibiendo más agua de la que necesitan. Si se trata de árboles autóctonos, los riegos, salvo algunos esporádicos en los días más calurosos de verano, no resultan aconsejables, ya que es suficiente con las precipitaciones que se puedan producir. Los depósitos de recogida de aguas pluviales pueden ser la solución, sobre todo si existen restricciones para el agua de riego en la zona. Se ubican bajo el tubo que recibe el agua de los canalones del tejado de la vivienda, y en ellos se pueden acumular grandes cantidades en temporada de lluvias, que luego, en épocas desfavorables, permiten regar las especies más delicadas. En su parte más baja se monta un grifo para la salida de agua, por lo que se aconseja ubicarlo en una plataforma que le dé algo de altura a fin de dejar espacio suficiente para llenar los recipientes. También incorpora un orificio en su parte alta para, llegado el caso, facilitar el desaguado, antes de que rebose. Aunque viene con un filtro de fábrica, es preferible poner

▲ INSTALACIÓN DE LOS TUBOS DE RIEGO. *Conviene efectuar su distribución antes de proceder a la plantación de los ejemplares. Luego, con el crecimiento, muchas veces quedarán ocultos.*

▲ ÉPOCA DE FLORACIÓN. *Hay que tener en cuenta que durante este periodo las plantas requieren dosis de riego algo más elevadas para su correcto desarrollo.*

también una malla de plástico en la boca de la bajante del canalón, como filtro previo, para que retenga residuos grandes como hojas, trozos de ramas, etcétera. Los conos de cerámica se emplean para abastecer zonas concretas del jardín de reducido tamaño. Previamente humedecidos, se hunden en el terreno y van descargando poco a poco agua de un depósito, al que están unidos por un delgado tubo de plástico. Son ideales para desentenderse del riego en periodos vacacionales. Las bolsas de agua en gel son precisamente para estos casos, ya que mantienen humedecido el sustrato por un prolongado espacio de tiempo; resultan muy adecuadas para jardineras y macetas.

EL RIEGO POR GOTEO

Representa una excelente opción para reducir al mínimo el consumo de agua en el jardín. Mediante una sencilla red de canalización, en superficie o enterrada, a base de tuberías de plástico, tubos difusores y otros accesorios, se consigue hacer

llegar a las raíces de cada especie cultivada la cantidad de agua que más se asemeja a la óptima. Esto es posible gracias a que los goteros pueden graduarse de forma individual para que dejen salir mayor o menor caudal. Su instalación no resulta nada complicada, pues sólo requiere un poco de habilidad y paciencia, pero sí hay que verificar que la canalización abarca todas las zonas del jardín. Para mejorar su eficacia, se adapta a un programador, con el que se ajusta la duración y el tiempo de riego a las necesidades de los ejemplares. Tras un periodo lógico de prueba, las labores de riego dejarán de representar una preocupación y será suficiente con revisar la instalación cada cierto tiempo y retirar el programador en invierno.

INSTALACIÓN DE MALLA ANTIGERMINANTE

SI SE DESEA RECUBRIR EL TERRENO CON GRAVAS, TIERRAS, PIEDRAS DE RÍO O BOLOS, LA MEJOR FORMA DE QUE APAREZCA CUIDADO Y LIBRE DE MALAS HIERBAS ES INSTALANDO PREVIAMENTE UNA MALLA ANTIGERMINANTE, PUES IMPIDE SU PROLIFERACIÓN Y POSIBILITA QUE LA SUPERFICIE DEL JARDÍN QUEDE PERFECTA POR MUCHO TIEMPO.

UN RECURSO INFALIBLE

Si la xerojardinería aconseja el cultivo de especies que no demanden cantidades de agua en exceso, también plantea otras alternativas encaminadas al ahorro de un bien tan preciado, procurando al mismo tiempo la protección del suelo ante la erosión y otras agresiones, preludio de una paulatina desertización. Sin embargo, todos estos condicionantes no han de mermar las cualidades estéticas del jardín. En este escenario encaja a la perfección el empleo de áridos, desde rocas y piedras de considerables proporciones para realizar bancales en taludes, o isletas desbordadas de tapizantes, hasta su versión triturada, como son las gravas y las gravillas en una amplísima variedad de tonalidades, que formarán sendas y ornamentarán la base de cultivos diversos, sin olvidar los cantos rodados o los bolos, para confeccionar bordes o ambientar en zonas húmedas, o las arenas de río o de colores, tan útiles en espacios infantiles y también para trazar distintos motivos ornamentales en el suelo. En este sentido, los áridos superan todas las expectativas, pues responden con nota a un mínimo mantenimiento y a una defensa eficaz ante la erosión del terreno, al tiempo que destacan por su función estética y aportan un ahorro seguro de agua, no sólo porque, como es lógico, no la necesitan, sino porque cubren espacios dentro del jardín que, de otro modo, estarían ocupados por especies vegetales. La malla antigerminante viene a ser un complemento insustituible en el empleo de áridos, pues evita la proliferación de malas hierbas, muy difíciles de erradicar de forma manual si crecen indiscriminadamente y sin control entre gravas, cantos rodados o arenas. Garantiza un aspecto cuidado y uniforme por más tiempo, así como una importante reducción en horas

🔺 JUEGOS DE COLOR. *Los terrenos adornados con tierras, como la de albero, también requieren la instalación previa de una malla antigerminante.*

dedicadas a labores de mantenimiento que, por otra parte, nunca darían por completo los frutos deseados. De igual modo, supone una barrera a la proliferación de plagas y enfermedades. Tales ventajas aconsejan su utilización en gran número de ocasiones, aunque no se trate de un jardín de orientación xerofítica. La instalación resulta de lo más sencilla: se comienza por acondicionar el terreno retirando de raíz las malas hierbas de la zona con la ayuda de una azada, y quitando las piedras y cualquier otro obstáculo que suponga un desnivel acusado. Luego se lleva a cabo un rastrillado para desechar los restos generados, hasta dejar una superficie lisa y uniforme. Sobre ella se extiende la malla antigerminante, de modo que cubra el espacio deseado con cierta holgura y quede lisa y sin arrugas, para poder sujetarla más tarde en todo su perímetro con piedras, pizarras o cualquier otro elemento con peso que vaya a ponerse como límite. En otras ocasiones se cava un surco

estrecho algo más profundo que delimite la zona, hasta el que se hace llegar el sobrante de malla. Luego se reparte con generosidad el árido, ya que las calvas no resultan estéticas y dejan la malla a la vista, presionando en mayor medida en todo el recorrido del surco, pues soporta más peso. Un nuevo rastrillado permite distribuir por igual el árido, dándole una apariencia uniforme definitiva, que permanecerá durante mucho tiempo.

🔺 SUPERFICIE CUIDADA. *La instalación de una malla antigerminante impide la aparición de malas hierbas y conserva el terreno con un aspecto espléndido.*

CÓMO SE HACE: COLOCACIÓN DE GRAVAS

1 LIMPIEZA DEL TERRENO. Hay que eliminar todas las malas hierbas y sus raíces, dejando la superficie libre de piedras.

2 MALLA ANTIGERMINANTE. Tras cubrir toda la zona con la malla, se procede a distribuir de forma regular la grava.

3 RASTRILLADO Y BARRIDO. Sirven para igualar la superficie y también permiten efectuar diferentes diseños sobre ella.

TRASPLANTES

P ARA ACERTAR EN UN PROYECTO NO BASTA CON LA ADECUADA SELECCIÓN DE LAS ESPECIES IDÓNEAS, SINO QUE ADEMÁS HAY QUE SABER ADQUIRIR LOS EJEMPLARES MEJOR DOTADOS, DE MODO QUE SUPEREN CON ÉXITO EL CAMBIO QUE SUPONE PASAR DE UNAS DETERMINADAS CONDICIONES EN EL VIVERO A OTRAS DIFERENTES TRAS SU TRASPLANTE EN EL JARDÍN.

UNA SELECCIÓN ACERTADA

El trasplante es una de las labores habituales en jardinería, una práctica sencilla que brinda resultados espléndidos. En un jardín ya establecido suele producirse por la adquisición de nuevos ejemplares o bien para multiplicar los ya existentes; resulta imprescindible que gocen de buena salud para garantizar su viabilidad. Los ejemplares han de mostrar vitalidad en yemas y brotes, así como un color intenso en las hojas, y se deben desechar aquellos con restos vegetales secos en la superficie del sustrato, apariencia mustia o manchas anormales. Si se encuentran florecidos, siempre es preferible elegirlos con la mayoría de los capullos todavía sin abrir, para

▷ TRASPLANTE DE MACETA. *Las herbáceas que crecen en maceta suelen aceptar el trasplante en cualquier época del año.*

▽ PETUNIA SP. *Los ejemplares de petunia son ideales para trasplantar a cestas colgantes con que embellecer un porche.*

disfrutar por más tiempo de la floración. De existir la posibilidad, lo ideal es extraer por un momento la planta de la maceta para observar su sistema radicular y rechazar tanto aquellas en las que éste se desborde desmesuradamente por los orificios de drenaje o se enrosque de manera exagerada sobre sí mismo, sin que apenas se aprecie el sustrato, como en las que aparezca poco desarrollado. Lo mejor es llevar cada especie adquirida hasta el lugar del jardín que se le haya asignado, agrupadas, siempre que sea posible, por la similitud en las necesidades que van a precisar durante su desarrollo, como orientación, requerimientos de agua y demás criterios. Como norma general, el suelo al que van a ser trasplantadas debe mezclarse con algo de arena para facilitar el drenaje y una proporción de compost con abundante materia orgánica, en mayor cantidad si se trata de ejemplares que van a perdurar en el lugar, como arbustos o árboles. Lo habitual es cavar un hoyo en el que entre holgado el cepellón de raíces, a una profundidad algo superior a su altura para que asiente sobre la mezcla, hasta quedar al mismo nivel que disfrutaba. Si la planta viene en maceta de plástico, se presiona ligeramente en las paredes para separarla y se inclina, sujetándola con delicadeza con la otra mano, para que por efecto de la gravedad el cepellón se libere de la maceta. Si ello no ocurre, es posible que las raíces lo impidan al quedarse enredadas en los orificios de desagüe. En tal caso, se cortan esos extremos y, si es necesario, se tira un poco de la base del tallo hacia afuera, con sumo cuidado, máxime si se trata de herbáceas o de plántulas tiernas. Tras

CÓMO SE HACE: JARDINERA TRANSPORTABLE

1 ACONDICIONAMIENTO. Hay que preparar la jardinera rellenándola con sustrato, humus de lombriz y arena, dejando un margen sin cubrir en la parte superior.

2 TRASPLANTE. Se efectúa de la manera habitual, con cuidado para no dañar las raíces y eligiendo plantas de requerimientos similares.

3 COLOCACIÓN DE LOS EJEMPLARES. Hay que respetar las distancias, dejando espacio suficiente. Se añade algo más de sustrato, hasta afianzarlos.

4 RIEGO. Para que asienten de forma correcta, el primer riego ha de ser bastante generoso.

acomodarlo en el orificio, se rellenan los huecos con la mezcla, procurando mantener el ejemplar erguido. En el caso de tratarse de un trasplante de una maceta pequeña a otra más grande o a una jardinera, conviene preparar un perfecto sistema de drenaje, que empieza por poner en el orificio de desagüe una malla plástica que dificulte la obstrucción por las raíces. Sobre ella se añade una capa de grava o trozos de una maceta rota, y luego el sustrato que requiera la especie, mezclado con humus de lombriz y una parte de arena.

5 DISEÑO EQUILIBRADO. Al contar con dos alturas, el agua suministrada en el espacio superior humedece el inferior.

PROTECCIÓN DEL SUELO

EL ACOLCHADO DE LA SUPERFICIE DE CULTIVO CONSTITUYE UNA EXCELENTE INICIATIVA AL CUMPLIR UNA FUNCIÓN BENEFICIOSA PARA EL DESARROLLO DE LAS PLANTAS. ESTO SE MANIFIESTA DEPENDIENDO DEL TIPO DE MATERIAL UTILIZADO, YA SEA ORGÁNICO O INORGÁNICO, EN TODA UNA BATERÍA DE VENTAJAS QUE COMPENSAN CON CRECES SU PREPARACIÓN INICIAL Y MÍNIMO MANTENIMIENTO.

EL SUELO MEJOR CUIDADO

El empleo de acolchados de origen orgánico incorporados directamente sobre el terreno de cultivo aporta todo tipo de beneficios. En principio, ejerce una labor de equilibrio térmico, pues al recubrir el suelo mantiene el sistema radicular de las plantas a una temperatura estable e idónea en cada época del año, preservándolo de las temidas heladas invernales y evitando la rápida evaporación de agua tras el riego, lo que permite un mejor aprovechamiento y su consiguiente ahorro. También enriquecen el suelo al descomponerse lentamente, reduciendo en gran medida la proliferación de malas hierbas. Entre los acolchados orgánicos utilizados con más frecuencia figuran la corteza de pino triturada, la astilla de madera, también troceada en pequeñas lascas, la paja, el abono o la turba. Se distribuyen de forma equilibrada en torno a cada planta, cubriendo en el suelo el perímetro que abarca con su follaje. En mayor o menor grado todos garantizan los beneficios antes expuestos, si bien los dos últimos, lejos de evitar la germinación incontrolada de hierbas adventicias, la fomentan, aunque lo compensan sobradamente en otros aspectos. Antes de depositar una buena capa de acolchado sobre el terreno, conviene limpiarlo bien de malas hierbas. El mejor momento para llevarlo a cabo es en primavera, cuando el suelo de los cultivos disfruta de una temperatura suave, para que el carácter aislante del acolchado lo preserve en su nivel óptimo. Al tratarse de materia orgánica, el paso del tiempo, los riegos o los agentes atmosféricos lo van degradando, lo que obliga a un mantenimiento periódico mínimo, consistente en renovarlo para que sus características permanezcan activas durante todo el tiempo. Dentro de los acolchados inorgánicos destaca el plástico opaco, que se extiende en el terreno y se asegura luego a éste con piedras, grapas de metal o enterrando sus bordes para procurar que no se levante con el aire. Este laminado ofrece la mayoría de las ventajas del acolchado orgánico, aunque en su contra figura la dificultad de incorporar al suelo abonos o fertilizantes una vez instalado. El sistema mantiene la humedad que tuviera el terreno antes de implantarlo, por lo que debe hacerse en el momento más conveniente para la planta que se desarrolla sobre él.

CÓMO SE HACE: ACOLCHADO ORGÁNICO

1 LIMPIEZA PREVIA. Antes de proceder al acolchado, conviene retirar las malas hierbas.

2 DISTRIBUCIÓN. La paja se distribuye cubriendo bien toda la base de sustrato en que crece el ejemplar.

3 PROTECCIÓN IDÓNEA. El acolchado con recubrimientos orgánicos ofrece grandes ventajas y es muy sencillo de realizar.

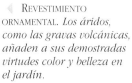

CORTEZA DE PINO TRITURADA. *Se degrada muy lentamente, por lo que su duración efectiva resulta mayor.*

HEDERA HELIX. *Determinadas trepadoras, como la hiedra, se emplean a modo de tapizantes, aportando alguno de los beneficios de un acolchado.*

REVESTIMIENTOS

Más que de acolchado se debe hablar de revestimiento al referirnos a la incorporación a la superficie de cultivo de materiales áridos, como gravas, gravillas o arenas, que sólo cumplen algunas de las funciones propias del acolchado, como dificultar el crecimiento de las malas hierbas y los vegetales no deseados. Pero además este tipo de revestimientos compensan con otras ventajas, como facilitar el correcto drenaje y alejar la peligrosa humedad reiterada del tan vulnerable nacimiento del tallo de las plantas. Por otra parte, conviene resaltar que aportan un valor ornamental de primera magnitud en el jardín, al salpicar de color y dotar de diferentes texturas a los espacios a los que se incorporan. Jugando, por ejemplo, con los colores y las diversas texturas que proporcionan las marmolinas y las gravas, se pueden conseguir interesantes resultados al combinarlas con los colores dominantes que aporta la decoración o las tonalidades

REVESTIMIENTO ORNAMENTAL. *Los áridos, como las gravas volcánicas, añaden a sus demostradas virtudes color y belleza en el jardín.*

existentes en el jardín. Tanto el acolchado a base de triturados de restos vegetales leñosos, paja o abono, como el inorgánico que emplea gravas o gravillas pueden llevarse a la práctica a pequeña escala con plantas que se desarrollan en macetas u otros contenedores, ya que ejercen de igual modo su beneficiosa labor y aportan colorido en la superficie.

MULTIPLICACIÓN

L AS DIVERSAS TÉCNICAS REPRODUCTIVAS SON EMPLEADAS POR LOS BUENOS AFICIONADOS TANTO PARA MULTIPLICAR LA CANTIDAD DE INDIVIDUOS DENTRO DE UNA DETERMINADA ESPECIE, COMO PARA CUBRIR ZONAS MÁS AMPLIAS DE TERRENO DE CULTIVO, O COMPARTIR E INTERCAMBIAR CON AMIGOS, LO QUE LAS CONVIERTE EN UNA LABOR GRATA DENTRO DE LA JARDINERÍA Y AMPLIAMENTE RECOMPENSADA.

TÉCNICAS DE MULTIPLICACIÓN VEGETATIVA

A grandes rasgos, los organismos vegetales se pueden reproducir por medio de semillas de forma sexuada, a través de la polinización y posterior fecundación, o por multiplicación vegetativa de forma asexuada, una cualidad inherente a los vegetales que les permite regenerarse partiendo de un fragmento de una planta, siempre que se produzcan determinados condicionantes. En el caso de las semillas, los nuevos individuos pueden conservar o no ciertas características de la planta originaria; sin embargo, en la opción asexuada los ejemplares mantienen exactamente los mismos rasgos. Existen géneros tan diferentes como *Thymus* sp., el popular tomillo, o *Bambusa* sp., el bambú que sirve de alimento a los osos panda, capaces de multiplicarse, entre otros medios, por la división o la escisión en dos o más partes de su cepellón de raíces, siempre que se mantengan en cada una algunos tallos de la planta. El procedimiento, si se hace en la época adecuada, en general al inicio de la primavera, suele tener resultados positivos. Otra forma de división consiste, como en *Phoenix canariensis* (palmera de Canarias) o en *Mammillaria compressa* (mamilaria), en la separación y plantado de los hijuelos que crecen en la base del tallo de la palmera o junto a la planta madre en el cactus. Un sistema de

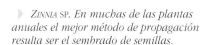
🔺 *Hebe* SP. *La verónica se multiplica a través de esquejes recogidos durante el verano.*

🔻 *Zinnia* SP. *En muchas de las plantas anuales el mejor método de propagación resulta ser el sembrado de semillas.*

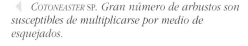
◀ *Cotoneaster* SP. *Gran número de arbustos son susceptibles de multiplicarse por medio de esquejados.*

CÓMO SE HACE: ESQUEJE DE TALLO

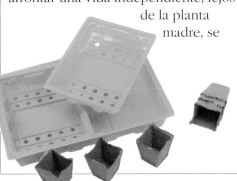

Portulaca sp. *La belleza de los ejemplares puede multiplicarse para ornamentar nuevos espacios.*

multiplicación relativamente sencillo de llevar a cabo es el acodo, que consiste en forzar la emisión de raíces en una sección de la planta madre, sin separarla de ésta, hasta que ofrezca garantías para su enraizamiento. Dentro de esta técnica existe el acodo simple, eficaz en el caso de *Dianthus* sp. (clavel) o *Rhododendron* sp. (azalea, rododendro), consistente en aproximar uno de sus tallos o ramas a ras de suelo y mantener enterrada y humedecida una parte, bien sujeta, hasta que aparezcan las nuevas raíces. Cuando las ramas no gocen de flexibilidad, como por ejemplo en *Monstera deliciosa* (costilla de Adán), se practica el acodo aéreo, en el que se rodea con un poco de musgo, que debe mantenerse siempre humedecido, una zona del tallo con posibilidades de echar raíces, y se sujeta con plástico opaco y un poco de rafia, lo que forma una bolsa cerrada a la luz. Tanto en el acodo simple como en el aéreo, cuando la nueva planta se muestre capaz de afrontar una vida independiente, lejos de la planta madre, se

corta el tramo en cuestión y se lleva a una maceta, hasta que pueda trasplantarse. También es posible la multiplicación partiendo de los trozos de una hoja, como en el caso de *Sansevieria* sp. (sansevieria), o a través de los dientes de que constan los bulbos, como en *Tulipa* sp. (tulipán). Pero es el esquejado la técnica más empleada. Se practica por igual en plantas herbáceas o leñosas, y consiste en seccionar un trozo de la planta madre y plantarlo en el momento y bajo las condiciones más adecuadas.

1 SELECCIÓN DEL TALLO. En verano, hay que elegir una rama joven y sana, de unos 12 cm aproximadamente en el caso del acebo.

2 SUPRESIÓN DE HOJAS. Deben cortarse algunas hojas tanto en la base como en el ápice de la rama.

3 POLVO DE HORMONAS. La base se introduce en polvo de hormonas para facilitar su posterior enraizamiento.

4 PLANTACIÓN. Para un correcto drenaje, se planta con turba y arena, en un tiesto pequeño.

5 PROCESO DE ARRAIGO. La plántula debe permanecer durante todo el invierno con una temperatura en torno a los 6 °C, hasta la primavera, cuando se trasplantará.

Fichas de plantas

Para la interpretación de los símbolos, consultar la página 96.

Agave sp.

Es un género de suculentas caracterizado por crecer en forma de roseta y con hojas de bordes dentados, con multitud de especies diferentes. El espectacular *Agave americana* o pita es una presencia habitual en jardines por su gran porte, que llega a alcanzar los 2 m de altura. Determinadas variedades pueden dar flores al cabo de unos años de cultivo. Los agaves demandan pleno sol, en un terreno bien drenado e incluso arenoso, y con riegos moderados. El frío resulta ser uno de sus mayores enemigos, y aunque se puede conseguir un cierto grado de aclimatación no toleran bien las heladas. Se multiplican a través de los retoños que dan en primavera y verano.

💧❄❄💧〇〇〇

Agave sp.

Albizia julibrissin

El mayor atractivo de la acacia de Constantinopla reside en la singularidad y el colorido de sus flores y en sus grandes hojas caducas compuestas por pequeños foliolos ovalados, que le otorgan una silueta delicada e inconfundible. Cuando florece en verano el tono rosado cubre las ramas, y en las flores destacan unos prominentes estambres que se agrupan en formación esférica. Resiste el frío aunque sufre con las heladas, requiere pleno sol y un riego moderado si el ambiente no es muy seco. Es preciso ubicarla en lugares semisombreados y aumentar el aporte hídrico en días calurosos. Se multiplica por semillas tras el verano.

💧❄❄💧💧〇〇〇

Albizia julibrissin

Aloe arborescens

Procedente de Sudáfrica, forma grandes masas vegetales compuestas por numerosos troncos ramificados desde la base, acabados en penachos de hojas dentadas de hasta 50 cm. Las flores tiñen de rojo las densas matas, arracimadas sobre largos pedúnculos erguidos en el centro de cada penacho. Es ideal en taludes o setos de delimitación, siempre que se cultive sobre suelos bien drenados, con riegos moderados, en ambientes soleados y cálidos, aunque también admite semisombra. No tolera las heladas y agradece el aporte extra de nutrientes para obtener una floración abundante. Es fácil de reproducir por medio de esquejes, siempre que disponga de alguno de los penachos de hojas en su ápice.

💧❄💧〇〇〇

Anthemis sp.

Margaritero es como se conoce vulgarmente a esta planta perenne y a veces tapizante que ofrece una doble floración, durante la primavera y el otoño, formando grupos que aparecen cubiertos por atractivas margaritas

Aloe arborescens

blancas, con su interior de flores tubulares y amarillas. De tallos leñosos, llegan a sobrepasar 1 m de altura. Las hojas adquieren un verde algo plateado y se muestran muy divididas. Cuando se marchitan las flores, se recomienda proceder a su poda a nivel de suelo. Sus necesidades básicas se limitan a que ha de crecer al sol sobre un suelo bien drenado y recibir unos riegos moderados. La mayoría de especies se multiplican por división de mata en primavera.

❄❄💧〇〇〇

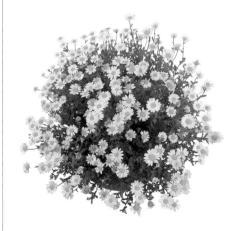

Anthemis sp.

Antirrhinum sp.

Antirrhinum sp.

Esta planta perenne que se cultiva como anual, conocida como boca de dragón o dragonaria, tiene un ciclo de floración que abarca desde la primavera hasta el otoño, periodos en que sus erguidas espigas se cubren con el brote de flores que recuerdan al fantástico ser, y en distintas tonalidades, como rojo, rosa, naranja, amarillo o blanco. La altura, al igual que el tipo de flor, depende de la variedad, ya que existen incluso plantas enanas, pero las hojas aparecen lanceoladas y enteras. No es muy exigente en cuanto al suelo, aunque los prefiere ricos y bien drenados, y demanda una posición soleada con riegos regulares sin excesos. Se multiplica mediante semillas.

❀❀♦♦○○○

Bismarckia nobilis

En la bella isla de Madagascar la palmera de Bismarck se halla en su hábitat natural. Presenta un gran porte, con un tronco liso que llega a alcanzar los 10 m de altura. Ofrece un penacho con grandes hojas en abanico y de tonalidad gris azulada, que emiten un llamativo chasquido cuando son batidas por el viento. Los ejemplares de sexo femenino y masculino están totalmente diferenciados. Las flores femeninas, tras ser fecundadas, dan un fruto arracimado de color pardo similar a los dátiles. Es preferible cultivarla en espacios cálidos y soleados, pues no soporta las heladas, con riegos periódicos sobre suelos que han de disponer de un buen sistema de drenaje. Se multiplica por medio de semillas.

👍❀♦○○○

Bougainvillea sp.

Esta planta trepadora denominada buganvilla debe su gran difusión a la espectacularidad de su floración, que acontece en verano, compuesta por diminutas flores que crecen arropadas entre brácteas, mostrando vivos tonos como rojo, rosa, violeta o amarillo. De tallos leñosos y espinosos, que se cubren con hojas ovaladas de un verde claro, suele requerir tutores, máxime para dirigir su crecimiento, que puede alcanzar casi los 10 m. Se muestra especialmente sensible a las bajas temperaturas, por lo que en épocas frías debe protegerse ante las heladas. Precisa un emplazamiento a pleno sol, sobre un suelo

Bougainvillea sp.

fértil y sin problemas de drenaje, y un riego moderado. El método de propagación más aconsejable es el esquejado.

❀♦○○○

Brachychiton acerifolius

El árbol de las llamas es una especie de porte arbóreo caracterizada por el engrosamiento basal de su tronco, que se estrecha hacia la copa. Ofrece una silueta muy apreciada desde el punto de vista ornamental. La copa, de aspecto desordenado y crecimiento irregular, presenta escaso follaje, pero durante la floración las ramas se cubren de numerosas y pequeñas flores acampanadas y color rojiza de singular aspecto. No soporta heladas invernales, por lo que se aconseja su cultivo en lugares templados o cálidos y soleados. En cuanto al tipo de sustrato y el aporte de agua, no es demasiado exigente. Se multiplica por medio de semillas.

👍❀♦○○○

Bismarckia nobilis

Brachychiton acerifolius

Calendula officinalis

Calendula officinalis

La caléndula también recibe el nombre común de maravilla, lo que puede estar relacionado con las grandes y atractivas flores que ofrece, semejantes a las margaritas, de vivos colores que abarcan la gama del amarillo y el naranja. Aunque su floración se produce en primavera y otoño, no es extraño verla también en verano. Presenta hojas lanceoladas algo carnosas, de un delicado color verde y con un aroma peculiar. Ofrece gran resistencia y robustez y no se muestra muy exigente en cuanto a las condiciones de cultivo, aunque prefiere una localización a pleno sol y precisa un suelo bien drenado, sin excederse en el riego. Se propaga por semillas.

❄❄♦♦☼☼☼

Callistemon sp.

Callistemon sp.

De porte garboso, el calistemo es un arbusto perennifolio cuyas flores se distinguen por presentar unos alargados estambres de color rojo, carmesí o amarillo, que les dan apariencia de escobillas. Según la variedad, las hojas crecen pecioladas o bien alargadas y terminadas en punta. A lo largo de los tallos surgen unos frutos, como pequeñas piñas, que persisten varios años. Al ser una especie proclive a las heladas, conviene cultivarla en un lugar resguardado y soleado, sobre un suelo rico y drenado. Los riegos moderados han de incrementarse en la época de la floración. El sistema más usual de propagación es mediante el esqueje en verano.

❄♦♦☼☼☼

Campsis sp.

Si hay algo que define a campsis son las grandes y numerosas flores en forma de trompeta que cubren esta espléndida trepadora, ideal como cobertora. Cuenta con unas puntiagudas hojas, de contorno aserrado e intenso verde. Su época de floración es el verano, momento en que sus leñosos y largos tallos se revisten con tonos anaranjados, rojizos o amarillos, según la variedad. Dadas las dimensiones que puede llegar a alcanzar, se aconseja una poda para encauzar el crecimiento y vigorizarla. Demanda una ubicación al sol, en un terreno fértil dotado de un buen drenaje, y necesita riegos frecuentes en los meses calurosos. Se puede multiplicar por esqueje en el periodo más cálido o mediante acodo ya en el invierno.

❄❄♦♦☼☼☼

Campsis sp.

Carpobrotus edulis

Carpobrotus edulis

El hábitat natural de esta especie suculenta perteneciente a la familia de las aizoáceas es África del sur. El valor ornamental de esta planta reside en su llamativa floración, que acontece en primavera-verano, en tonalidades amarillas o púrpuras, y en el tipo de desarrollo de sus tallos tapizantes, capaces de cubrir amplias superficies con el manto verde de sus hojas crasas. No está capacitada para soportar las heladas del invierno y precisa lugares soleados para desarrollarse plenamente; admite cualquier tipo de suelo, incluso los arenosos y los rocosos, con riegos esporádicos. El uso de los tallos como esquejes para su reproducción ofrece los mejores resultados.

🖐❄💧○○○

Cercis sp.

En este género figuran arbustos y árboles caducifolios que reciben dos nombres comunes: árbol del amor y árbol de Judas. Cuando alcanza mayor belleza es en primavera, pues sus ramas se cubren de pequeñas flores malvas o rosáceas, dando lugar luego al nacimiento de las nuevas hojas,

con forma acorazonada y en tono verde claro. Se trata de una especie de lento crecimiento, que conviene ubicar en su lugar definitivo cuando es joven, ya que se muestra sensible a los trasplantes. Su grado de resistencia le permite soportar tanto las altas temperaturas como el frío invernal, aunque prefiere los lugares soleados, en un suelo rico, y con un régimen de riegos moderados. Su multiplicación se produce a través de semillas.

🖐❄❄❄💧○○○

Cereus peruvianus

La región costera atlántica entre Brasil y Argentina es el hábitat originario de esta cactácea que cuenta con una estructura columnar, ramificada desde la base, que le otorga una apariencia de densa formación, capaz de alcanzar más de 10 m de altura. Cada tallo dispone de hasta ocho costillas pronunciadas y con areolas ligeramente hendidas en las crestas, provistas de pequeñas espinas de color marrón. Sus flores nocturnas, grandes y blancas, se abren en verano. En ambientes secos y soleados soporta bajas temperaturas aunque no heladas, con riegos escasos. Se multiplica a través de esquejes de tallo.

🖐❄💧○○○

Cercis sp.

Cereus peruvianus

Chamaerops humilis

Chamaerops humilis

El porte arbustivo del palmito, palmera originaria de la Península Ibérica, se debe a la gran cantidad de brotes con penacho que se desarrollan juntos, otorgando a cada ejemplar un aspecto de compactas almohadillas. Las hojas, de tonalidad verde grisácea, son palmadas con peciolos repletos de duras espinas. Tanto las flores, amarillas, como los frutos, pardo oscuros, se agrupan en densas inflorescencias. Es resistente a la climatología complicada, por lo que su cultivo es viable en regiones con veranos muy calurosos y secos e inviernos muy fríos. Requiere posiciones muy soleadas, suelos bien drenados y riegos moderados. Se multiplica por semillas o hijuelos en primavera.

👍❄❄❄💧○○○

Cistus sp.

Este género, oriundo de la cuenca mediterránea, agrupa a un buen número de especies bajo el nombre de jara, de llamativa floración por el tamaño y el colorido de sus pétalos. Se trata de un arbusto leñoso y perenne, cuyas hojas ovaladas ofrecen un singular aroma, y que en muchas variedades resultan pegajosas al tacto. Las flores ocupan una amplia superficie de cada mata coloreando de amarillo, blanco o rosado el principio del verano. Es muy resistente a condiciones climatológicas adversas, tanto en el caso de heladas invernales como en los ambientes calurosos y secos del estío. No precisa riegos copiosos ni reiterados y puede desarrollar sus raíces sobre distintos suelos, incluso los pedregosos. Se multiplica mediante esquejes.

👍❄❄❄💧○○○

Cortaderia sp.

Hierba de la pampa es el nombre común de esta gramínea de gran desarrollo y llamativa floración. Se trata de una vivaz perenne que forma grandes matas con aspecto de denso penacho, compuesto por hojas acintadas y de tacto áspero. En verano, emergen del centro del ejemplar unos largos pedúnculos que acaban en una voluminosa espiga con forma de plumero, cuyo color varía entre el ocre y los tonos rosados. Requiere pleno sol, aunque puede cultivarse en semisombra en ambientes muy secos, demanda riegos moderados, aun cuando su cultivo se realiza en suelos arenosos y con un eficaz sistema de drenaje, y soporta las bajas temperaturas. Se multiplica por semillas o división de mata.

👍❄❄❄💧○○○

Cortaderia sp.

Cistus sp.

Crassula sp.

Crocus sp.

heladas. La mayoría de especies prefiere una posición soleada, y precisa un riego moderado y un drenaje que evite el encharcamiento de sus bulbos. Se multiplican mediante semillas o bulbillos.

❈❈❈◗○○○

Crassula sp.

Este género engloba plantas de porte herbáceo o arbustivo, con tallos cubiertos de hojas suculentas cilíndricas, como en *Crassula coccinea*, o redondeadas, como en *Crassula ovata*, de colores verdosos con matices que abarcan desde el tono plateado hasta el rojizo. En ellas reside la belleza de estas plantas, pues las flores resultan algo insignificantes por su reducido tamaño y escaso color, excepto cuando crecen agrupadas en densas inflorescencias, como ocurre en *Crassula multicava*. Se muestran resistentes al frío, aunque demandan pleno sol o semisombra según la especie y aportes hídricos esporádicos. Su multiplicación se consigue a partir de esquejes de tallo o semillas.

◗❈❈◗○○

Crocus sp.

Esta bulbosa de reducido tamaño recibe el nombre común de azafrán ornamental y se distingue por que muestra una especie de pequeño ramillete de hojas acintadas muy finas, con una delgada franja blanca y el envés plateado. Finalizado el invierno, del centro brotan pequeñas flores de tono naranja, aunque también las hay azuladas, rosadas y blancas. Pueden plantarse sobre una pradera o emplearse para la formación de rocallas, y se muestran resistentes a las

Dianthus sp.

Dianthus sp.

Son numerosas las especies de claveles y clavellinas existentes que cubren un periodo de floración que abarca desde la primavera al otoño, exhibiendo aspectos muy diferenciados en cuanto al tipo de flores, su tamaño y su ciclo vital. De color blanco, rojo, rosa o amarillo, aunque también hay variedades con bordes de otros tonos, muchas de ellas desprenden un agradable aroma. Forman matas con tallos erguidos, semipostrados o colgantes, con hojas lanceoladas de un verde grisáceo o azulado, que en ocasiones requieren tutores. No son exigentes en cuanto al tipo de suelo, pero sí necesitan una ubicación a pleno sol y demandan riegos moderados sin excesos. En general, se multiplican mediante acodos o esquejes.

❈❈◗○○○

Euphorbia milii

Euphorbia canariensis

Esta euforbia es una planta crasa autóctona de las Islas Canarias con apariencia de densa mata, repleta de tallos erectos de sección pentagonal, en cuyas crestas se distribuyen pequeñas espinas de tono marrón. Al llegar la floración, en la parte apical aparecen las inflorescencias, de aspecto globoso y color pardo, poco llamativas. Es apreciada para crear setos y cubrir zonas en pendiente gracias a su considerable tamaño. No soporta heladas y ha de plantarse en superficies soleadas y cálidas, con riegos esporádicos. Es posible la multiplicación de los ejemplares a partir de esquejes de tallo, pero debe efectuarse con cuidado, pues la savia es un látex muy irritante.

🖐❄✳💧○○○

Ficus carica

Euphorbia milii

Conocida como espina de Cristo, esta euforbiácea de tallos pardos, espinosos y muy ramificados adquiere un porte arbustivo densamente poblado, donde se distinguen unas hojas con forma espatulada y nervadura prominente. En primavera y verano produce brácteas rojas en torno a flores enanas, lo que modifica su aspecto por completo. No resiste el frío intenso y puede cultivarse tanto a pleno sol como en lugares semisombríos, con riegos esporádicos. Prefiere sustratos ricos para mantener su abundante floración y puede reproducirse a partir de esquejes obtenidos de sus tallos, introduciendo la base de éstos en un recipiente con agua hasta que suelten el látex y dejándolos secar antes de plantarlos.

🖐❄✳💧○○

Ficus sp.

Los ficus engloban más de mil especies de porte arbóreo y se distinguen por disponer de una savia de aspecto lechoso muy espesa, que en algunos se utiliza para obtener caucho. Las hojas ovaladas y perennes de la mayoría de las especies son grandes y lustrosas y las flores poco vistosas, aunque en *Ficus carica*, higuera, de hojas caducas y profundamente lobuladas, dan lugar a los dulces higos. Algunas poseen largas y robustas raíces aéreas de varios metros de longitud. La mayoría no soportan heladas, requieren posiciones soleadas o en semisombra, y se adaptan a cualquier suelo y régimen de riego. Se multiplican por esquejes, yemas foliares y acodos.

🖐❄✳💧💧○○

Euphorbia canariensis

Forsythia sp.

Gazania sp.

Forsythia sp.

Forsitia es el nombre común que recibe este arbusto caducifolio perteneciente a la familia de las oleáceas, inconfundible por su espectacular floración de un amarillo intenso. Durante la primavera, sus tallos aparecen cubiertos por numerosas flores de pétalos alargados, que luego dan paso a las hojas, de forma ovalada y dentadas, con un atractivo verde claro. Es adecuada para la formación de setos irregulares. Necesita crecer a pleno sol, y aunque no se muestra demasiado exigente respecto al suelo, prefiere aquellos fértiles, y le basta con riegos moderados. Se multiplica por esquejes.
✳✳✳♦♦○○○

Gazania sp.

La gazania se engalana con unas flores grandes, que recuerdan a las margaritas, cuyos colores incluyen el naranja, rojo, amarillo, rosa y blanco, y que muestran la peculiaridad de que sólo se abren cuando reciben los rayos solares. Aunque es perenne, suele cultivarse como anual y crece formando pequeñas matas, con atractivas

Hedera sp.

hojas lanceoladas que adquieren un tono grisáceo por el tomento que las recubre. No se muestra demasiado exigente en cuanto al tipo de suelo, pero precisa, eso sí, una ubicación a pleno sol y no demanda un riego excesivo, aunque ha de incrementarse en el periodo de floración. Se propaga con suma facilidad mediante semillas o esquejes.
✳✳✳♦♦○○○

Hedera sp.

En general, esta conocida trepadora requiere sobre un año para asentarse, a partir del cual comienza a crecer rápidamente, sustentándose en sus raíces adventicias para adherirse a muros o celosías sin ningún problema. La hiedra ofrece una floración muy discreta, que se torna en pequeños frutos negros, y cuenta con unas hojas lobuladas y perennifolias de intenso verde, aunque también existen otras variegadas o amarillentas. Tiene preferencia por los lugares soleados, a pesar de que ciertas variedades admiten una posición de semisombra, así como por los suelos alcalinos y que garanticen un buen drenaje, con riegos moderados. Se multiplica por esqueje o mediante acodo con suma facilidad.
☀✳✳✳♦♦○○○

Hibiscus sp.

Ipomoea sp.

Hibiscus sp.

Sin duda son sus esplendorosas flores las que motivan la tremenda aceptación de esta planta, que también puede ser un arbusto, perteneciente a la familia de las malváceas. Muestran cinco grandes pétalos y un largo pistilo en su interior, colmado de delicados estambres amarillos. Su floración abarca desde la primavera hasta el otoño, dependiendo de la climatología, e incluye una variada paleta de tonos, desde el blanco hasta el rojo, pasando por rosas, malvas o amarillos. El hibisco cuenta con lustrosas hojas verdes, perennifolias o caducifolias según la variedad. Precisa un suelo fértil, un lugar soleado y riegos generosos cuando el calor arrecia y durante la floración. Se propaga por esquejes.

❊❊❊♦♦○○○

Ipomoea sp.

La ipomea o flor de luna es una trepadora de origen tropical que en regiones frías es empleada como anual. No obstante, si no hay riesgo de heladas persistentes, es posible cultivar algunas variedades como perennes. Son idóneas para cubrir en poco tiempo celosías y vallas, y en verano ofrecen unas bellas flores atrompetadas, azules o violetas.

Son sensibles al frío y a la cal, lo que obliga a considerar tanto las condiciones del terreno como del agua de riego, y piden un lugar soleado y protegido, requiriendo aportes hídricos moderados. Antes de plantar las semillas, que en algunas especies son tóxicas, se dejan en remojo medio día.

❊❊♦♦○○○

Jacaranda mimosifolia

La jacaranda es un árbol de tamaño medio apreciado tanto por su floración como por su madera. El tronco, de tonalidad grisácea, acaba en una copa irregular y poco tupida, con hojas bipinnadas y caducas cuando el tiempo es muy seco y caluroso. Las flores, de forma acampanada y de un intenso color azulado, surgen antes de que las hojas se desarrollen por completo. Tras la fecundación, los frutos adquieren el aspecto de grandes castañuelas y producen sonido cuando las mueve el viento. No resiste las bajas temperaturas y demanda posiciones a pleno sol, además de riegos moderados sobre suelos bien drenados. Se propaga a través de esquejes o mediante semillas.

♨❊♦○○○

Jacaranda mimosifolia

Lagerstroemia indica

Lagerstroemia indica

La característica más atrayente de este árbol caducifolio se halla en sus racimos florales de colores púrpura, blanco o rosado que aparecen en la estación estival e inclinan las ramas por el peso. Su nombre también es peculiar, ya que se conoce como árbol de Júpiter. Pese a ser una especie de lugares cálidos, se cultiva en regiones más frías siempre que esté convenientemente protegido de las heladas, pues no tolera temperaturas inferiores a unos 2 °C. Requiere un espacio soleado y bien drenado, con riegos generosos en los momentos más calurosos del estío. Se multiplica por esqueje en verano u otoño.

❀♦♦○○○

Lampranthus sp.

Lampranthus sp.

Esta planta crasa conocida como uña de gato es originaria de las regiones áridas de Sudáfrica. De porte rastrero, sus tallos, cubiertos por innumerables hojas de sección cilíndrica, carnosas y de tonalidad grisácea, llegan a tapizar por completo la superficie donde es cultivada, o bien cuelgan en los bordes de una maceta o jardinera. De floración primaveral, los vivos tonos revisten toda la mata y las flores exhiben múltiples pétalos distribuidos en forma de estrella. Requiere posiciones muy soleadas con mínimos riegos y resiste ligeras heladas invernales. Con esquejes de tallo se logran con facilidad nuevos ejemplares.

👍❀❀♦○○○

Lantana camara

Procedente de regiones mediterráneas y secas, la lantana es un arbusto perenne que ofrece unas bellas y pequeñas flores de llamativos colores rojizos y anaranjados, que crecen formando densas cabezuelas en los meses de verano. En general es una especie que no necesita cuidados especiales y que se desarrolla bien en zonas costeras con alta salinidad. Es algo sensible al frío, si bien puede adaptarse a diversos climas siempre que no haya riesgo de heladas intensas. Agradece una ubicación soleada sobre un terreno bien drenado, con riegos moderados, que han de incrementarse durante la floración. La multiplicación se realiza mediante esqueje en verano.

👍❀❀♦♦○○○

Lantana camara

Laurus nobilis

Laurus nobilis

Lavandula sp.

El laurel es uno de los arbustos más atractivos y útiles que pueden cultivarse en un jardín. Al ser perennifolio es posible disfrutar de sus bellas hojas lanceoladas y de su agradable y característico aroma todo el año, y se puede emplear además con fines culinarios y medicinales, aspecto este último que también hace más estimables sus bayas y pequeñas flores de color blanco. Es bastante resistente, y admite sol o semisombra, con un sustrato rico y riegos espaciados. Las hojas que hayan podido resultar quemadas por las heladas han de ser retiradas para propiciar que surjan las que las reemplacen. Se propaga sobre todo por medio de esqueje.

🝮 ❋ ❋ 🌢 🌢 ○ ○

Lavandula sp.

Sumamente valorada dentro de las plantas aromáticas, la lavanda es un arbusto perennifolio que florece en verano: surgen de la mata unas largas espigas de color lila que desprenden un profundo aroma y la cubren casi por completo. Es habitual cortar sus espigas florecidas a fin de secarlas, ya que su fragancia permanece bastante tiempo. Sus hojas, estrechas, alargadas y también olorosas, son de color verde con un tono grisáceo y resultan algo aterciopeladas. Se adapta a diversos tipos de suelos, aunque prefiere los fértiles, pero necesita una ubicación a pleno sol. Sus demandas respecto al riego no resultan muy elevadas. El verano es la mejor época para su propagación por esquejes.

🝮 ❋ ❋ ❋ 🌢 🌢 ○ ○ ○

Mesembryanthemum sp.

Por el crecimiento reptante que ofrecen sus tallos, la también conocida como uña de gato se emplea como tapizante. Las hojas carnosas son cilíndricas de tono verde, que puede tornarse grisáceo por presencia de pequeñas protuberancias semejantes a diminutas gotas de rocío. A finales de primavera e inicios del verano, las flores se abren mostrando gran cantidad de delgados pétalos, de intenso y muy variado color dependiendo del ejemplar. Se adapta al ambiente marítimo y los suelos arenosos o pedregosos. Requiere pleno sol, riegos moderados y temperaturas no demasiado frías en invierno, aunque puede soportar ligeras heladas. Se multiplica por esquejes de tallo.

🝮 ❋ ❋ 🌢 ○ ○ ○

Mesembryanthemum sp.

Nerium sp.

Opuntia sp.

Nerium sp.

La popularidad de este arbusto perenne se debe en gran medida a su floración, que abarca tanto la primavera como el verano, y en la que aparecen flores de mediano tamaño que adornan toda la mata en tonos rojos, rosas o blancos. La adelfa llega a alcanzar los 3 m de altura y muestra un porte compacto, con hojas lanceoladas en tono verde oscuro. La especie *Nerium oleander* procede de la región mediterránea, motivo por el que se adapta a la perfección a los ambientes calurosos e incluso a cierta escasez de riego. Necesita crecer a pleno sol, demanda suelos bien drenados y se muestra sensible a las temperaturas bajas. Su multiplicación resulta sencilla mediante esquejes en verano.

👍❋❋♦○○○

Olea europaea

Emblemático de la región mediterránea, el longevo olivo es apreciado tanto en jardinería como agricultura. En su bello tronco de contorno irregular destaca una base más engrosada que el resto, y a poca altura una pronta ramificación en diversos brazos principales, que cuentan con pequeñas hojas perennes ovalolanceoladas de tonalidad plateada. Las flores blancas son insignificantes y adquieren mayor

relevancia los frutos comestibles, aceitunas u olivas, arracimados por todo el árbol. Es apto para zonas con riesgo de heladas, prefiere lugares soleados sobre cualquier suelo, siempre que no se encharque, y no demanda riegos copiosos. Su propagación se lleva a cabo mediante esquejes o semillas.

👍❋❋❋♦○○○

Opuntia sp.

Es un género de cactus que cuenta con gran número de especies, entre las que destaca *Opuntia ficus-indica,* la popular chumbera, cuyos ejemplares crecen de manera espontánea en muchas regiones subtropicales de todo el mundo. Aunque pueden contar con tallos cilíndricos, la mayoría los tienen aplanados y divididos en secciones denominadas artículos, que no presentan espinas propiamente dichas sino gloquidios con forma de garfio. Las grandes y vistosas flores, al madurar, se transforman en frutos comestibles y muy jugosos. Se adapta a diversos suelos y ambientes, e incluso soporta ligeras heladas siempre que reciba sol directo, con mínimos riegos. Se multiplica por semillas o empleando esquejes de tallo.

👍❋❋❋♦○○○

Olea europaea

Pelargonium sp.

Pelargonium sp.

En primavera comienza la floración del geranio, que perdura durante el verano y puede permanecer largo tiempo si la temperatura ambiental es elevada, alegrando con sus vivos rojos, rosas o blancos. Este género incluye también especies colgantes, como *Pelargonium peltatum*, gitanilla, y otras con un crecimiento vertical que puede alcanzar 1 m, como *Pelargonium crispum*, geranio de limón, con un penetrante olor a limón y diminutas flores malvas. En general, las hojas aparecen aterciopeladas, tomentosas, carnosas y suavemente aromatizadas. Todos precisan una ubicación al sol, un suelo fértil y un régimen de riegos moderado, sin encharcarlos. Se muestran sensibles a las heladas. Se multiplican mediante esquejes.

✿✿●●○○○

Phoenix canariensis

La palmera de Canarias es originaria de las islas españolas del mismo nombre. Esta especie es una de las más majestuosas del género *Phoenix* debido a la bien proporcionada silueta que conforma el recto y grueso tronco, con su enorme y tupido penacho de hojas pinnadas. Los grandes y leñosos restos de peciolo que dejan las hojas al secarse admiten diferentes recortes, que embellecen aún más a los ejemplares cultivados. Su gran robustez permite su ubicación en lugares con riesgo de helada, y

Phoenix canariensis

tiene la facultad de adaptarse a casi cualquier tipo de orientación y condiciones de cultivo, aunque prefiere el sol y el calor. Su propagación se lleva a cabo por medio de semillas en la primavera.

👍✿✿✿●○○○

Pinus sp.

El pino es una conífera resistente a diferentes extremos ambientales, ya sea en posiciones costeras o en alta montaña, en lugares fríos o muy calurosos. Aunque existen especies arbustivas, la mayoría son árboles de envergadura, con troncos robustos de gruesa corteza y copa más o menos compacta, redondeada o cónica, donde destacan unas hojas perennes y con forma de aguja, denominadas acículas. De flores poco vistosas, sus frutos, las piñas, son más o menos voluminosos. Es ideal para dar sombra, aunque conviene señalar que su savia es resinosa y siempre deja restos. Se adapta a cualquier suelo y no demanda demasiado riego. Se multiplica a través de semillas.

👍✿✿✿●○○○

Pinus sp.

precisa riegos escasos en invierno y moderados durante el verano. Se propaga mediante esquejes en verano.

💧❄❄❄💧○○

Punica granatum

El granado a veces es catalogado como arbusto debido a su porte reducido, e incluso existen variedades enanas, idóneas para macetas o pequeños espacios. De las ramas espinosas brotan hojas alternas de un verde intenso y bellas flores rojas, que aparecen en racimos o solitarias, y que dan paso a los frutos comestibles, las granadas. Para obtenerlas en abundancia necesita un abonado con potasio y fósforo dos veces al año, así como podar las ramas que se van secando. Es una especie bastante resistente al frío, pero prefiere lugares algo abrigados y al mismo tiempo soleados, sobre un terreno fértil y bien drenado y regado con moderación. La propagación se realiza por esqueje o acodo.

💧❄❄💧●○○○

Pistacia lentiscus

Pistacia lentiscus

Conocida como lentisco, esta arbustiva que alcanza gran porte es ideal para seto, pues sus ramas crecen en todas direcciones formando tupidas matas. Las hojas perennes están compuestas por foliolos ovalados de intenso verde con brillos rojizos. Cuando florece, brotan pequeñas florecillas blancas agrupadas y repartidas por toda la mata, que al ser fecundadas se convierten en frutos rojizos de gran valor ornamental durante el otoño. Es sensible a las heladas, aunque soporta las bajas temperaturas, requiere posiciones soleadas o en semisombra y suficiente agua durante los meses más calurosos del verano. Su multiplicación se realiza por esquejes o semillas.

❄❄●●○○

Pittosporum sp.

Las flores, que aparecen en primavera y son pequeñas, de color blanco cremoso y muy olorosas, así como las hojas, de superficie coriácea, verde brillante, jaspeadas o púrpura y bordes redondeados, son algunas de las características que definen a este árbol o arbusto perennifolio, el pitosporo. Admite la poda para darle forma ornamental, proceso muy apropiado al ser de crecimiento lento, y se multiplica por esqueje en verano. Es una especie resistente al frío intenso, aunque es recomendable protegerla del viento, y vive por igual al sol y en semisombra, sobre un suelo bien drenado;

Pittosporum sp.

Punica granatum

Pyracantha sp.

Pyracantha sp.

El espino de fuego es una especie arbustiva que destaca tanto por su llamativa floración, como por su fructificación. Presenta pequeñas hojas, perennes, de forma ovalolanceolada y ápice redondeado. Forma matas compactas, donde sus tallos y espinas leñosas establecen una barrera infranqueable. En verano florece ofreciendo gran cantidad de inflorescencias de color blanco, cuyas flores tras ser fecundadas se convierten en bayas anaranjadas o rojizas que dan al otoño un toque de color muy atractivo. Resiste las bajas temperaturas y soporta posiciones muy soleadas en ambientes secos, siempre que disponga de un suelo rico con riegos periódicos. Se multiplica mediante esquejes.

✿❋❋❋◆○○○

Quercus ilex

En el género *Quercus* figuran árboles tan emblemáticos como los robles o los alcornoques, aunque en este caso se trata de una especie natural de la cuenca mediterránea, la encina. Los ejemplares desarrollan un gran porte, en donde las ramas principales crean copas de gran envergadura, sobre las que las pequeñas, ovaladas y espinosas hojas se mantienen de forma perenne. La floración resulta poco llamativa, pero destacan sus frutos de aspecto ovalado, las bellotas. Son plantas muy resistentes a las condiciones extremas del clima, con veranos calurosos y secos e inviernos fríos, demandan poca agua de

Quercus ilex

riego y se desarrollan sin problemas sobre casi cualquier suelo, salvo los mal drenados. Se multiplican por injerto o semillas.

✿❋❋❋◆○○○

Retama sp.

Los ejemplares de retama adquieren gran envergadura, hasta 2 m de altura, con tallos de color verde y hojas ovaladas casi inapreciables. Es una especie arbustiva muy resistente. Hay que señalar que con el mismo nombre común figuran agrupadas otras que comparten muchas semejanzas. El momento más llamativo corresponde al de su floración, ya que produce gran cantidad de pequeñas flores amarillas que cubren por completo toda su superficie en primavera y verano. Se muestra resistente a las heladas del invierno y no sufre demasiado durante los veranos calurosos. Conviene proporcionar riegos regulares y ubicarla en posiciones muy soleadas. Se multiplica por semillas o esquejes.

✿❋❋❋◆○○○

Retama sp.

Rosmarinus officinalis

Rosmarinus officinalis

Este arbusto perennifolio, el romero, es valorado por el carácter ornamental de sus espigas de flores primaverales u otoñales, blancas o azules, y por su follaje verde oscuro que desprende un intenso aroma, pero se cultiva también por su innegable valor culinario y medicinal. Prácticamente todas las partes de la planta son aprovechables y, aparte de las hojas, las flores se emplean con distintos fines medicinales. Precisa un lugar al sol protegido del frío del invierno, y un suelo ligero, y no se muestra excesivamente exigente con los riegos. Se multiplica mediante esquejado en verano.

☝❄❄💧○○○

Salvia officinalis

La salvia es una aromática arbustiva perenne apreciada tanto por los valores culinarios y medicinales de las hojas y las flores, como por la belleza y prestancia de su silueta. Presenta hojas oblongas de un tono verde apagado, en tanto que las flores, bilabiadas y en forma de tubo, brotan en racimos durante el estío, teñidas de una atractiva tonalidad violácea. Es una planta resistente al frío y de pleno sol, que se desarrolla mejor preferiblemente sobre un suelo seco, pero fértil y bien drenado, con riegos moderados. Se multiplica mediante división de pie de mata o por esqueje.

☝❄❄💧○○○

Sansevieria trifasciata

La sanseviera dispone de un tallo rizomatoso subterráneo, del cual surgen penachos de largas y rígidas hojas de color verde claro, en las que destacan franjas transversales verde oscuro, y márgenes variegados en amarillo. La floración se produce a ras de suelo y desprende una agradable fragancia. El lugar de cultivo, bien drenado, debe disfrutar de temperaturas cálidas, no estar expuesto directamente a los rayos solares intensos, y recibir riegos espaciados y casi nulos en invierno. Se multiplica seccionando una de sus hojas en pequeños trozos y colocándolos sobre un suelo fértil y húmedo para que crezcan las raíces. También se obtienen ejemplares partiendo de la división del rizoma.

☝❄💧○○

Salvia officinalis

Sansevieria trifasciata

Santolina sp.

Sempervivum sp.

Tamarix sp.

El taray es un árbol de aspecto arbustivo que habita las proximidades de los ríos y las regiones costeras, y tolera los ambientes salinos. Puede superar varios metros de altura y cuenta con un tronco muy ramificado y sinuoso. Aun presentando un carácter muy leñoso, puede producir hojas desde la base, y destaca el plumoso y casi inapreciable aspecto escamoso de sus hojas de tonalidad verde azulada. La floración invade por completo de color rosado la copa en el verano. Se muestra resistente a las bajas temperaturas, aunque no a las persistentes heladas y requiere una ubicación a pleno sol, ambientes secos y riegos periódicos. Su multiplicación se realiza mediante esquejes.

✳✳♦♦○○○

Santolina sp.

La santolina es una planta aromática de porte arbustivo que halla su área de distribución en la cuenca mediterránea, donde ocupa terrenos rocosos y fuertemente soleados. Evoluciona formando matas muy compactas y de no demasiado tamaño, con hojas alargadas de color verde o plateado, dependiendo de la especie. En verano florece ofreciendo cabezuelas repletas de diminutas y apretadas flores amarillas que proporcionan un bello efecto de color. Se desarrolla sin ningún problema en lugares muy secos y soleados, es resistente a las bajas temperaturas invernales y se adapta al cultivo en todo tipo de superficies, incluso aquellas arenosas o pedregosas. Se multiplica por esqueje.

👍✳✳✳♦○○○

rosetas repletas de apretadas hojas con forma ovalada y rígida punta, de cuyo centro brota un largo pedúnculo floral coronado por un grupo de llamativas flores de tonalidad rosada o blanca. Resiste las fuertes heladas del invierno y puede desarrollarse en semisombra, aun cuando prefiere espacios soleados. El método más rápido de obtener nuevos ejemplares es a través de los hijuelos que surgen en torno a la planta madre.

👍✳✳✳♦○○○

Sempervivum sp.

Perteneciente a la familia de las crasuláceas, la siempreviva es una perenne herbácea oriunda del continente europeo, donde habita entre las rocas de las regiones montañosas. Cada ejemplar está formado por numerosas

Tamarix sp.

Teucrium sp.

Teucrium sp.

Planta o subarbusto de la familia de las aromáticas conocida como teucrio, su valor ornamental reside en la tonalidad plateada de sus hojas, que contrasta con los verdes dominantes del jardín. Como mata puede llegar a 1 m de altura, y dispone de hojas lanceoladas con márgenes provistos de dientes romos pero prominentes. Cuando florece produce flores de forma tubular, bilabiadas, de tono blanco amarillento, azul o púrpura según la variedad, no demasiado vistosas. Resiste las bajas temperaturas así como el calor y la sequedad más rigurosos, no exige mucha agua ni un suelo en especial. Se pueden multiplicar por semillas, esquejes o incluso división de mata, según la especie.

☙✽✽✽◗○○○

Thymus sp.

Aparte de su valor como condimento, el tomillo es también una bella planta ornamental, ideal para un jardín aromático o de rocalla. Es un arbusto perennifolio de porte bajo y tallos a menudo retorcidos, que regala en primavera unas pequeñas y bonitas flores, cuyos colores varían entre el rosa y el violeta. Entre las distintas especies destacan *Thymus vulgaris*, tomillo, *Thymus serpyllum* o serpol, de hojas claras, y *Thymus citriodorus*,

Thymus sp.

tomillo de limón, que debe su nombre latino a los matices dorados del follaje y su inconfundible olor a limón. Requieren pleno sol y un terreno bien drenado, con riegos moderados. Se propagan en primavera por división.

☙✽✽✽◗○○○

Viburnum tinus

Los viburnos son pequeños arbustos de hoja caduca o perenne según las variedades, todas ellas apreciadas por la belleza y prestancia de sus flores y en algún caso de sus frutos.

Viburnum tinus, perennifolio y denominado durillo, es una de las especies más resistentes de este género. Entre invierno y primavera produce grupos de pequeñas flores blancas que contrastan con el verde oscuro de las hojas, y en verano muestra diminutos frutos de forma oval y color azul metalizado. Demanda sol o semisombra y, al contrario que el resto de sus congéneres, se conforma con riegos esporádicos sobre suelos secos. Se propaga bien mediante esquejado en verano.

☙✽✽✽◗○○

Viburnum tinus

Washingtonia filifera

Washingtonia filifera

Natural del sur de Norteamérica, la palmera de abanico californiana ofrece un porte majestuoso gracias a su largo y recto tronco cilíndrico, así como por el apretado penacho de hojas costapalmadas que lo coronan, con segmentos rígidos y divididos en el ápice, hasta culminar en dos largos filamentos característicos. Las inflorescencias se presentan alargadas, curvadas y ramificadas, con frutos de invierno que al madurar son negros. Demanda posiciones soleadas, requiere riegos regulares en verano y acepta bajas temperaturas, siempre que no sean reiteradas ni muy intensas. Se multiplica mediante semillas en primavera.

☙❀♦♦○○○

Yucca sp.

La yuca es un arbusto o árbol de pequeño porte, que suele cultivarse como planta de interior, pero admite localizaciones exteriores

Zinnia sp.

en zonas cálidas, si el clima es benigno. Una de las especies más representativas de este género es *Yucca elephantipes,* que muestra un tallo alargado, de cuyo extremo superior surge un ápice de hojas lanceoladas, de un color verde satinado o variegado muy

Yucca sp.

atractivo. Las flores, de tono blanco o crema, cuelgan de racimos erguidos en verano y otoño. En la época estival requiere riegos más frecuentes, que se reducen en invierno. Le gusta el sol y el ambiente costero. Es posible reproducirla mediante esqueje de tallo.

❀♦♦○○○

Zinnia sp.

Existen multitud de variedades de cinias, una anual que a menudo se confunde con las dalias, ya que la sencillez de su cultivo y la belleza de sus flores, grandes, medianas o enanas, ha propiciado la creación de cruces e hibridaciones. Ofrece una floración constante desde el final de la primavera y a lo largo de todo el verano. Procedente de tierras cálidas y secas de América central, se muestra sensible al frío y no suele resistir las heladas. Se desarrolla sobre suelos calizos o ácidos, pero bien drenados en posiciones de sol y con un riego moderado. Se reproduce por semillas bajo cristal a finales de la primavera, pero no tolera bien los trasplantes.

❀♦♦○○○

ÍNDICE DE ESPECIES

AGRADECIMIENTOS

Gracias a las facilidades que nos han ofrecido, en las páginas de este libro figuran lugares emblemáticos de los Jardines Botánicos de Alcalá de Henares, en Madrid, y de Soller, en Mallorca, así como distintas fotografías del Cactario Costa Brava de Gerona y de los Jardines Pinya de Rosa y Marimurtra, ambos de Blanes, en la Costa Brava, zona que también queda reflejada en los espléndidos jardines del Hotel La Gavina de S´Agaró.

Por otra parte, la espiritualidad de los jardines japoneses queda patente gracias a la valiosa colaboración de la Embajada de Japón en Madrid.
Fueron muchas las personas que gentilmente abrieron sus domicilios para permitir la toma de imágenes, entre las que deseamos expresar nuestro más sincero agradecimiento a D. Javier Ráez y Dª María Teresa Silva, D. Ángel Baviano y Dª Lola González, Dª Consuelo Pérez y D. Francisco Javier Alonso.

También prestaron su desinteresada colaboración Fronda Jardinería, con todo el apoyo de su personal, Sun Box, fabricantes de depósitos de recogida de aguas pluviales, y los fabricantes de Leopoldo, práctica jardinera transportable. A todo lo anterior debe añadirse la entusiasta acogida de los habitantes de las distintas localidades que sirven de marco a todas las imágenes. Gracias, nuevamente, a todos cuantos han colaborado en este proyecto.

INTERPRETACIÓN DE LOS SÍMBOLOS

👍   ÓPTIMA PARA XEROJARDINERÍA

EXPOSICIÓN		RIEGO		RESISTENCIA AL FRÍO	
☼	REQUIERE SOMBRA	●	POCA HUMEDAD	❄	NO RESISTE EL FRÍO
☼☼	REQUIERE SOL Y SOMBRA	●●	CONDICIONES DE HUMEDAD MEDIA	❄❄	MODERADAMENTE RESISTENTE
☼☼☼	REQUIERE PLENO SOL	●●●	PRECISA MUCHA HUMEDAD	❄❄❄	RESISTE FRÍO INTENSO